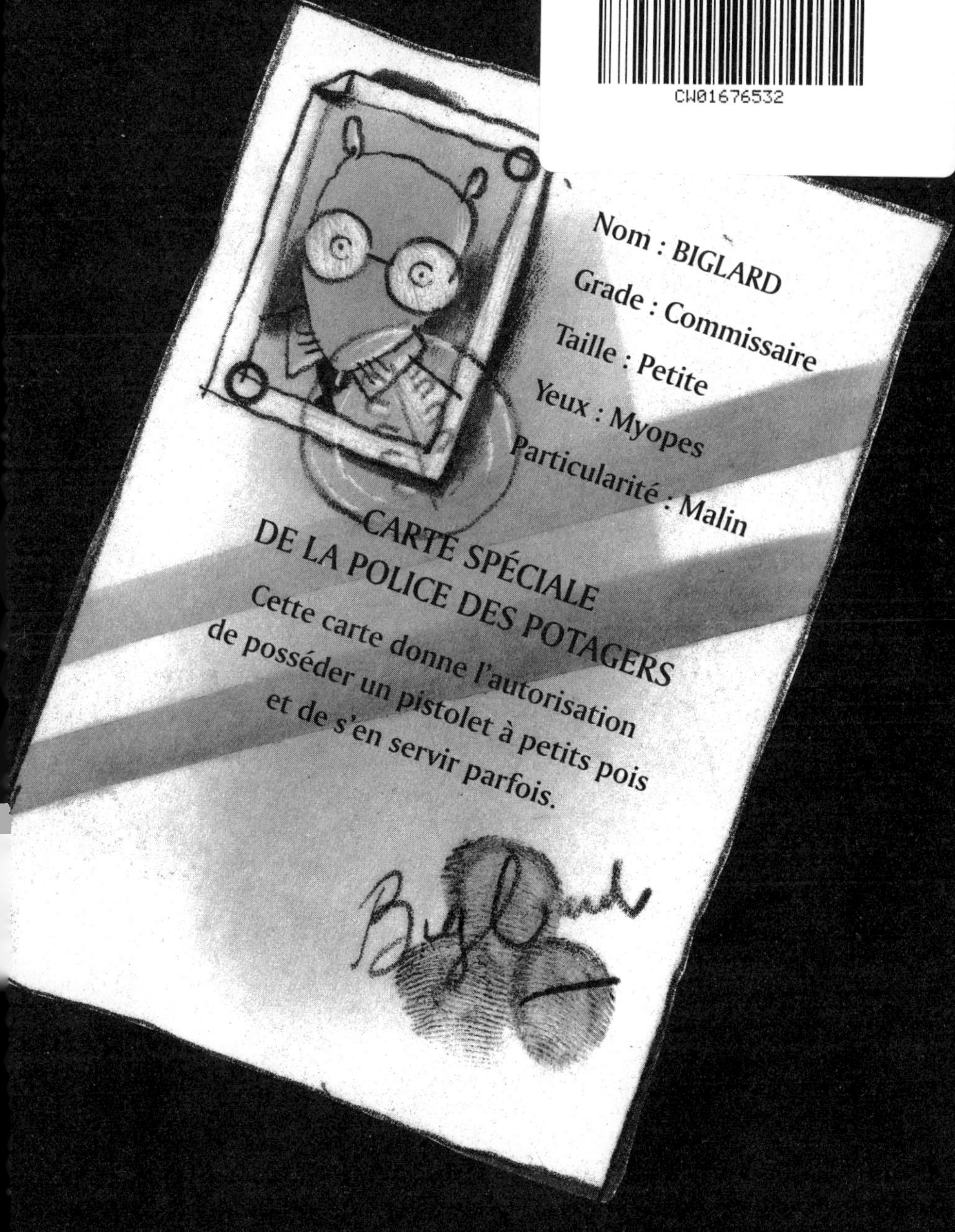
Nom : BIGLARD
Grade : Commissaire
Taille : Petite
Yeux : Myopes
Particularité : Malin
CARTE SPÉCIALE
DE LA POLICE DES POTAGERS
Cette carte donne l'autorisation
de posséder un pistolet à petits pois
et de s'en servir parfois.

Biglard et Gramulot
La nuit des grandes-oreilles

GILLES BARRAQUÉ

BIGLARD ET GRAMULOT
LA NUIT DES GRANDES-OREILLES

Illustrations de Jean-François Martin

NATHAN

Il peut passer
des heures le nez
plongé dans
sa collection
de timbres.

AU BUREAU DE LA POLICE DES POTAGERS

1

PENCHÉ sur le bureau, l'œil collé à sa grosse loupe, le commissaire Biglard examinait le même petit timbre depuis à peu près une demi-heure. Il est comme ça, Biglard : quand les journées sont calmes au commissariat de la Police des Potagers, il peut passer des heures le nez plongé dans sa collection de timbres. Pas de bandits à capturer dehors ? Pas de victime qui vient se plaindre ? Hop, notre cher commissaire sort son album et sa loupe. Il tourne les pages qu'il a tournées mille fois déjà, et toc, il s'arrête sur un minuscule timbre-poste ; celui de Zanzibar, par exemple, avec son perroquet de toutes les couleurs dans un cocotier...

Parfois, Gramulot le taquine :

– Chef, vous le connaissez par cœur, celui-là !

– J'avais oublié ce petit bout de plage, dans le coin, répond tranquillement Biglard.

Et il ajoute toujours :

– Tu ne peux pas comprendre...

Disons tout de suite que l'inspecteur Gramulot n'est pas du genre à passer une heure à étudier un timbre – de Zanzibar ou d'ailleurs.

Ce jour-là, Gramulot farfouillait dans son placard en rouspétant.

– Qu'est-ce qui se passe ? demanda Biglard au bout d'un moment, sans lever le nez de son album.

– Impossible de retrouver mon maillot ! J'ai retourné toutes mes affaires de sport !

– Tu as bien regardé dans ton sac ?

– Dix fois, chef !

Biglard observa son collègue par-dessus la loupe.

– Eh, banane, tu l'as sur le dos, ton maillot...

Gramulot tira sur son habit.

– Noon !!! Mais si !!! Ah, quelle andouille, je l'avais déjà enfilé... Bravo, chef, encore une enquête réussie ! Vous êtes le meilleur !

Biglard secoua la tête et tourna une page de son album.

– Tu as un match, ce soir ?

– Voui, chef. On joue contre le Sporting-Club des Marais.

– On va les écraser.

Gramulot est le goal de l'équipe de foot de la Police.

– On va les écraser. C'est rien que des grenouilles et des crapauds. Au basket, ils se débrouillent, mais au foot... Ils ne se font jamais de passes et ils s'enguirlandent toute la partie : « Côa, côa, passe la balle, quoi ! – Côa, côa, mais demande-la-môa ! »

Biglard rigolait. Gramulot réfléchit, et puis :

– Leur goal n'est pas mauvais. Le problème, c'est qu'il ne peut pas s'empêcher de gober le ballon ; c'est plus fort que lui.

Il regarda la pendule.

– Dites donc, chef, est-ce que je pourrais partir un peu en avance ? Plus personne ne viendra, maintenant...

– Bien sûr, mon vieux, tu peux filer. C'est plutôt calme, en ce moment, non ? On dirait que les bandits font la grève.

De toute la semaine, les policiers n'étaient sortis qu'une fois de leur bureau. Et encore, pas pour une mission ébouriffante. Voilà l'histoire : un jeune hérisson s'était mis en boule depuis trois jours et refusait catégoriquement de se débouliner. À force, les voisins s'étaient inquiétés ; on avait appelé la Police des Potagers et, au cas où, la brigade des Pompiers des Nids et des Terriers.

Le chef pompier (un vieux blaireau), en arrivant chez le hérisson :

– Zou, les gars, mettez vos gants : on l'emmène direct à l'hôpital.

Mais Biglard :

– Une seconde, messieurs. Je voudrais discuter un petit instant avec notre jeune ami.

On les avait laissés papoter tranquilles. Puis Biglard était revenu pour dire au chef pompier :

– Vous appelez à ce numéro de téléphone, et vous dites simplement que la Police et les pompiers sont ici.

Au bout de dix minutes à peine, une demoiselle hérissonne arrive en courant – et en pleurant. Elle se précipite sur le hérisson.

– Mon chéri ! Mon chérisson ! Mon petit amour piquant !

Aussitôt, le petit amour piquant se déboule, et les deux hérissons s'embrassent, en pleurant énormément, et en essayant de ne pas trop se piquer le museau. C'était donc ça la grande affaire : une dispute entre amoureux ! Ah, ces amoureux...

Ainsi, on voit que le travail du policier n'est pas toujours de cavaler après des crapules féroces, en risquant des mauvais coups ; c'est aussi des petites histoires de rien du tout qu'on arrange en prenant seulement le temps de papoter.

Gramulot avait son sac de sport à la main et sa casquette de goal vissée sur le crâne.

– Bon, j'y vais, chef.

– C'est ça. Et tâche de ne pas te faire marquer trop de buts !

– Me marquer des buts !? À moi, qu'on a surnommé « le Mulot Volant »!? Vous voulez rire ! Je vous dis qu'on va les écrabouiller, ces grenouillettes. Allez, à demain, chef !

Gramulot ouvrit la porte en sifflotant. Alors, il sauta en l'air, poussa un grand cri et laissa tomber son sac : dehors, sur le pas de la porte, trois créatures invraisemblables le regardaient en silence. Elles se tenaient bizarrement accroupies et tordaient le cou pour dévisager l'inspecteur. Leur trombine : un petit nez tout écrasé, deux oreilles gigantesques, des yeux comme des têtes d'épingles et une grande bouche qui souriait, en montrant des rangées de dents très blanches et très pointues.

– C'est bien ici le bureau de la Police des Potagers ? dit enfin l'une des créatures.

La voix aussi était invraisemblable : une sorte de cui-cui d'oisillon malade !

Gramulot se remettait de sa frousse et rajustait sa casquette.

– Euh, oui madame, répondit-il, en supposant qu'il s'agissait d'une dame.

– Appelez-moi « ma mère », mon fils. Nous pouvons entrer ?

– C'est-à-dire qu'il est bien tard, voyez-vous...

– Entrez, entrez ! cria Biglard de son bureau.

Il avait rangé l'album et la loupe.

Gramulot soupira et dégagea le passage. Les trois créatures entrèrent ; pour avancer, elles rampaient sur les coudes.

– Que la Lune vous blanchisse, messieurs, dit la première.

– Kirikiki, firent ensemble les deux autres.

– Gramulot,
s'il te plaît...

LES VISITEUSES 2

GRAMULOT ferma la porte derrière elles. Catastrophé, il regarda son chef d'un air de lui demander : Un : c'est quoi, ces bestioles ahurissantes ? Deux : elles sont complètement toquées, ou quoi ? Et trois : non mais vous avez vu à quelle heure elles arrivent !? Et mon match de foot ?

Il donna un petit coup de pied dans son sac de sport et alla s'asseoir à sa table en boudant. Biglard l'appela :

– Gramulot, s'il te plaît, prends le portemanteau et viens le mettre juste en face de mon bureau. Tu enlèveras mon chapeau et ma gabardine pour faire de la place à nos visiteuses.

– Hein !? fit Gramulot. Vous ne préférez pas des chaises ?

– Fais ce que je te dis.

L'inspecteur hésitait : « Le chef se paie leur

tête, ou la mienne ? » Il se leva quand même pour déplacer le grand portemanteau. La créature qui avait parlé l'observait en souriant. Quand il posa la tige de bois devant le bureau, elle lui dit :

– Le souffle de la Lune sur ton front, mon fils.

– Kirikiki, répétèrent les autres.

Et aussitôt, les créatures se dressèrent sur leurs petites pattes de derrière, écartèrent les coudes et déplièrent des ailes immenses, lisses et noires comme de la peau d'homme-grenouille. Elles s'envolèrent dans le bureau, papillonnèrent habilement et vinrent s'accrocher chacune à une branche du portemanteau ; pas SUR la branche, mais dessous : ELLES PENDOUILLAIENT, LA TÊTE EN BAS ! Les ailes repliées sur le corps leur faisaient une cape luisante.

« D'accoooord ! se disait Gramulot, un peu soulagé. Ce sont des chauves-souris ! »

C'était la première fois qu'il en voyait de

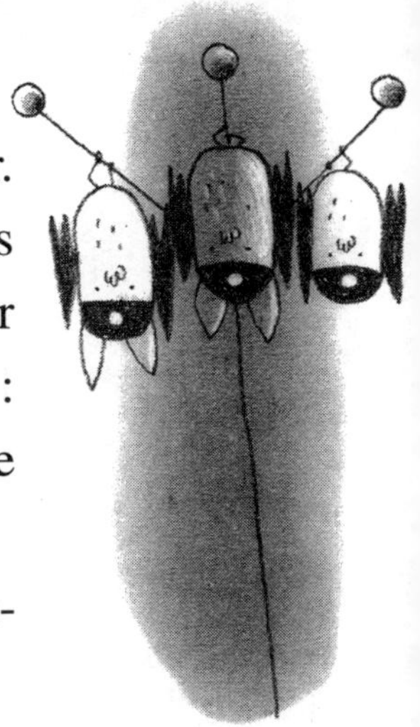

si près – Gramulot est un jeune inspecteur. Leur corps était une boule de poils touffus d'un blanc très pur. Un voile de tissu noir couvrait le crâne entre les énormes oreilles : sur le bandeau qui le tenait au front figurait le signe mystérieux d'un rond blanc.

De sa petite voix de flûtiau, la chauve-souris la plus bavarde prit la parole :

– Je sais qu'il est tard pour vous, messieurs. Mais pour nous, il est assez tôt...

Car, bien sûr, la plupart des chauves-souris dorment le jour et vivent la nuit.

– Nous avons tout notre temps, dit Biglard aimablement.

Gramulot fumassait ; il n'était pas tout à fait de cet avis. Biglard prit sur le bureau son paquet de bâtons-réglisse et le tendit aux visiteuses.

– Un bâton-réglisse ?

– Non merci ; ça nous est interdit.

– Ah, pardon... Vous permettez ?

Le commissaire se ficha un bâtonnet au

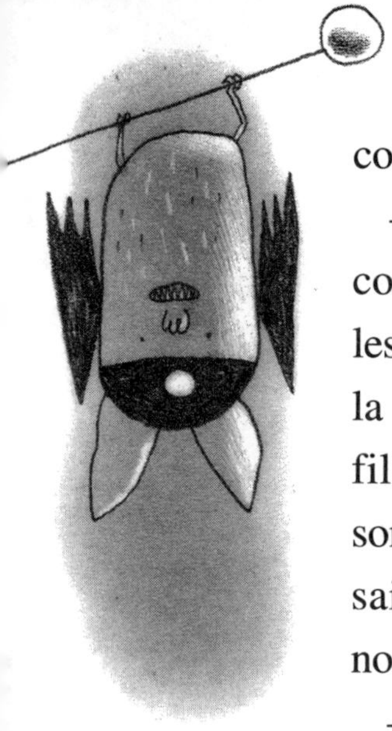

coin de la bouche et attendit les explications.

– Il faut d'abord que nous nous présentions, commença la chauve-souris. Nous sommes les sœurs de la Saint-Lune. Je suis mère Alba, la Blanche-Mère – la supérieure. Voici mes filles, les sœurs Albinette et Albina. Nous sommes des religieuses et nous servons notre sainte mère la Lune ; que ses doux rayons nous protègent et nous blanchissent.

– Kirikiki, firent les sœurs en écho.

– Commissaire Biglard, de la Police des Potagers, dit Biglard. Et voici l'inspecteur Gramulot. Apprenez qu'il est un peu de vos cousins : on le surnomme « le Mulot Volant ».

Gramulot grimaça.

– Très drôle, chef.

Les sœurs le regardèrent avec curiosité.

– On lit la bonté dans ses yeux, déclara mère Alba. Mais venons-en à ce qui nous amène. Mon fils, bien que la Lune nous garde en sa lumière, nous sommes là pour demander la protection de la Police.

– Rien de grave, ma mère ?

– Pas pour l'instant, grâce à la Lune. C'est l'avenir qui me soucie. Savez-vous que c'est bientôt la Saint-Lune ?

– ... ?

– La Saint-Lune est la fête sacrée de la Lune, mon fils. Elle a lieu tous les vingt-huit ans exactement ; quand la Lune entre au ciel dans les étoiles de Noctula, la Grande Chauve-Souris.

– Tiens donc ! fit Gramulot.

– C'est à nous, les sœurs de la Saint-Lune, que revient l'honneur de fêter l'événement. Nous célébrons alors une cérémonie secrète ; des chauves-souris de la terre entière y sont invitées. C'est la nuit du peuple aux ailes de peau, la nuit des grandes-oreilles ; que le miel de la Lune coule sur le poil de toutes nos sœurs.

– Kirikiki, prononcèrent ensemble les sœurs et Gramulot.

Biglard ôta ses lunettes et les essuya de son grand mouchoir à carreaux.

– Entendu, ma mère. Mais pourquoi avez-vous besoin de nous ?

Comme la Blanche-Mère hésitait, le commissaire insista :

– Dites-nous tout : nous sommes la Police, n'est-ce pas ?

La chauve-souris se décida.

– Voilà : pour la cérémonie, nous devons sortir notre trésor ; et... nous avons peur des voleurs.

– Vous avez bien raison, ma mère, assura Biglard. On ne se méfie jamais assez des voleurs. Comment se présente ce trésor ?

– C'est la Sainte-Bille. Vous la verrez ; elle n'a pas de prix : c'est le cœur lumineux de la Grande Chauve-Souris.

Les sœurs ouvraient la bouche pour un double « kirikiki », mais Gramulot leur coupa le sifflet.

– À propos de bille, chef : moi, j'ai un ballon qui m'attend. Alors si je pouvais...

– Je t'autorise à rester ici, mon cher ami,

– Dites-nous tout : nous sommes la Police, n’est-ce pas ?

dit Biglard avec un bon sourire. Si j'ai bien compris, mes sœurs, vous voulez nous inviter à la cérémonie pour surveiller un peu votre trésor ?

– Absolument, mon fils.

– C'est une noble mission. Qu'en penses-tu, Gramulot ?

Gramulot grommela quelque chose ; Biglard traduisit :

– Il est d'accord. Mes sœurs, vous pouvez compter sur nous.

– Hourrikiki !!! crièrent les chauves-souris en battant des ailes.

– Nous vous attendons demain à Notre-Chêne de la Lune, dit mère Alba. C'est là que nous habitons, et c'est aussi l'endroit de la cérémonie. Voici l'adresse.

Biglard prit le bout de papier qu'elle tendait. Gramulot s'était levé comme un diable. Il avait la main sur la poignée de la porte.

– Bon, je file. Que la Lune vous tartine tous de confiture jusqu'à demain !

La Blanche-Mère l'arrêta :

– Un instant, mon fils ! Nous devons prendre vos mesures pour les costumes de cérémonie.

La tête de Gramulot !!! Les chauves-souris voletèrent autour des policiers. Elles les firent monter sur le bureau pour mesurer leurs bras, leurs jambes – et même leur tour de tête – avec des rubans de couturière.

– Que vous êtes grand et fort, inspecteur, disait sœur Albinette en notant les mesures. Vous serez superbe, dans votre habit de chauve-souris !

Les policiers se regardèrent. Puis Gramulot ferma les yeux ; il s'imaginait en train de shooter de toutes ses forces dans un ballon en forme de lune.

L'auto
ratatouillait
méchamment
dans
les galeries
souterraines.

EN ROUTE POUR LA MISSION

3

L'AUTO ratatouillait méchamment dans les galeries souterraines. Accroché au volant, Gramulot râlait ; il était plutôt de mauvais poil...

– Saleté de vieux tacot !

Pour une fois, les policiers n'avaient pas pris l'auto personnelle de Gramulot ; la magnifique Carotta Super-Sport de l'inspecteur était au garage – Gramulot l'avait écorniflée contre une racine. Bien obligés, nos amis étaient montés dans la voiture de la Police des Potagers, une vieille Potato à moitié déglinguée.

Biglard n'avait pas voulu qu'on branche la sirène. « On est en mission secrète ; pas la peine de signaler à toutes les crapules du secteur qu'on va surveiller un trésor. » Gramulot se passait les nerfs en donnant des coups de klaxon et en enguirlandant les ratons-paysans qui lambinaient sur le chemin, avec leurs remorques pleines de grains ou leurs engins biscornus.

– Je suis TRÈS calme, chef.

– Tût, tûûûût, mille pétards, il va pousser sa carriole, celui-là !?

– Du calme, Gramulot.

– Je suis TRÈS calme, chef. Mais j'aime mieux vous prévenir : pas question que j'enfile un habit ridicule de chauve-souris. Je suis un inspecteur de première catégorie ; pas un guignol.

Biglard ne répondit pas ; inutile de discutailler avec un ronchon. Il avait déplié la grande carte des galeries souterraines et pointait la route à suivre.

Une idée lui fit pourtant lever le nez de son plan.

– Au fait, et ton match de foot ? Vous les avez battues, ces grenouillettes ?

Gramulot grogna :

– N'a perdu...

Puis il éclata :

– Mais c'est pas juste, chef ! Ils ont fait jouer Zézé, une grenouille brésilienne ! Elle m'a marqué six buts de la tête !

– Elle n'avait pas le droit de jouer ?

– C'est pas la question ! Si on avait des sous, à la Police, nous aussi on ferait venir des vedettes ! Tiens, un rat-kangourou d'Australie, par exemple... Alors là, on rigolerait, croyez-moi !

Biglard sourit dans sa moustache et se replongea dans la carte.

– Attention, il faut que tu sortes obligatoirement à la prochaine taupinière à gauche.

– Pfu, à cette allure, pas de danger qu'on la rate...

Ils la ratèrent – c'est vrai qu'elle était mal annoncée. Ils firent demi-tour dans la galerie, sous le nez d'un raton-paysan à vélo qui les regarda d'un sale œil.

– Qu'est-ce qu'il y a, toi ? lui jeta Gramulot. Tu veux une contravention ?

– Roule, roule, dit Biglard.

La vieille Potato grimpa péniblement la montée, en soufflant et en pétaradant – on ne savait pas si c'était elle ou le chauffeur qui rouscaillait le plus. Enfin, les amis parvinrent au sommet de la taupinière et débouchèrent dans le grand dehors. Ils clignèrent aussitôt des yeux : le soleil de l'après-midi les aveuglait.

– Arrête-toi un peu, qu'on se repère.

Ils se garèrent juste après la taupinière. Gramulot zippa une poche de son blouson et sortit une paire de lunettes noires ; il les chaussa ; avec le blouson, la casquette et les baskets neuves, ça lui fit une sacrée dégaine d'inspecteur. Biglard – qui n'aime pas trop le soleil – troqua son chapeau contre le grand béret qu'il avait pris soin d'emporter. Il tritura le devant de la galette pour former une visière au-dessus de ses grosses binocles. Le béret lui mettait un peu les oreilles en chou-fleur. Gramulot l'observait, un sourire en coin.

– La touche que vous avez, chef !

– Cher ami, je te ferai remarquer qu'on ne s'en va pas danser au bal. Et puis mon petit doigt me dit que tout à l'heure, c'est moi qui rigolerai.

– Que je sois pendu par la queue si je me déguise en chauve-souris, jura illico l'inspecteur.

– Elle est solide, ta queue ? Bon, trêve de plaisanterie : cherchons Notre-Chêne de la Lune ; ça ne devrait pas être très loin.

Ils claquèrent les portières et firent un tour d'horizon. Ils avaient débouché dans une petite clairière, au milieu des fougères. Tout autour, c'était la forêt profonde ; raides comme des sentinelles, les troncs portaient la coiffe énorme et boursouflée du feuillage ; ils semblaient garder l'ombre épaisse, pleine de mystère, de la forêt.

Les policiers escaladèrent la taupinière pour avoir un meilleur point de vue. C'est sûr, de là-haut, on voyait bien ; mais pour trouver le bon arbre parmi des centaines...

Bras ballants, ils campèrent un moment sur le cratère du monticule, puis décidèrent de demander à quelqu'un. Ils gesticulèrent pour arrêter les oiseaux qui passaient.

– Hep ! Psitt ! Eho ! S'il vous plaît !

À peine si les oiseaux tournaient le cou en volant ; ceux-là, on dirait qu'ils ont constamment le feu aux plumes du derrière.

– Pas le temps ! criaient-ils (quand ils daignaient répondre). Demandez à mon cousin !

Et le cousin à plumes qui suivait les envoyait aussi promener. Gramulot soupira :

– Chef, je l'ai toujours dit : les oiseaux sont des malpolis. Mais vous allez voir, je vais vous en faire poser un, moi, de zozio... Cachons-nous dans le trou.

Les policiers se camouflèrent dans le cratère, et le rusé Gramulot fit ceci : il laissa dépasser le bout de sa queue, en lui donnant des tortillements de ver de terre. En trente secondes, trois gros merles arrivèrent ; ils se disputaient déjà : « Je l'ai vu le premier, ce ver ! – Non, c'est moi ! D'abord, toi, tu viens de picorer trois chenilles grasses ! – Minute, vous deux : vous savez que vous êtes en plein dans mon coin ? »; etc.

Zboïng, Gramulot bondit du trou et chopa un des braillards par une aile – les autres s'envolèrent en piaillant des horreurs.

– Police des Potagers, dit l'inspecteur en lui mettant sous le bec sa carte spéciale de la Police. Auriez-vous l'extrême amabilité de nous indiquer « Notre-Chêne de la Lune » ?

– C'est le grand bout de tronc qui dépasse, là-bas, fit le merle. Vous me lâchez, maintenant ?

Gramulot le lâcha.

– Merci, hein ! cria-t-il, tandis que le gros emplumé filait. Et bonjour à vos cousins !

Le merle laissa tomber dans l'air une insolence toute blanche.

Les amis entrèrent à pied dans la forêt. Passé quelques rangées de troncs, ils pilèrent, estomaqués : sans aucun doute, ils étaient à Notre-Chêne de la Lune.

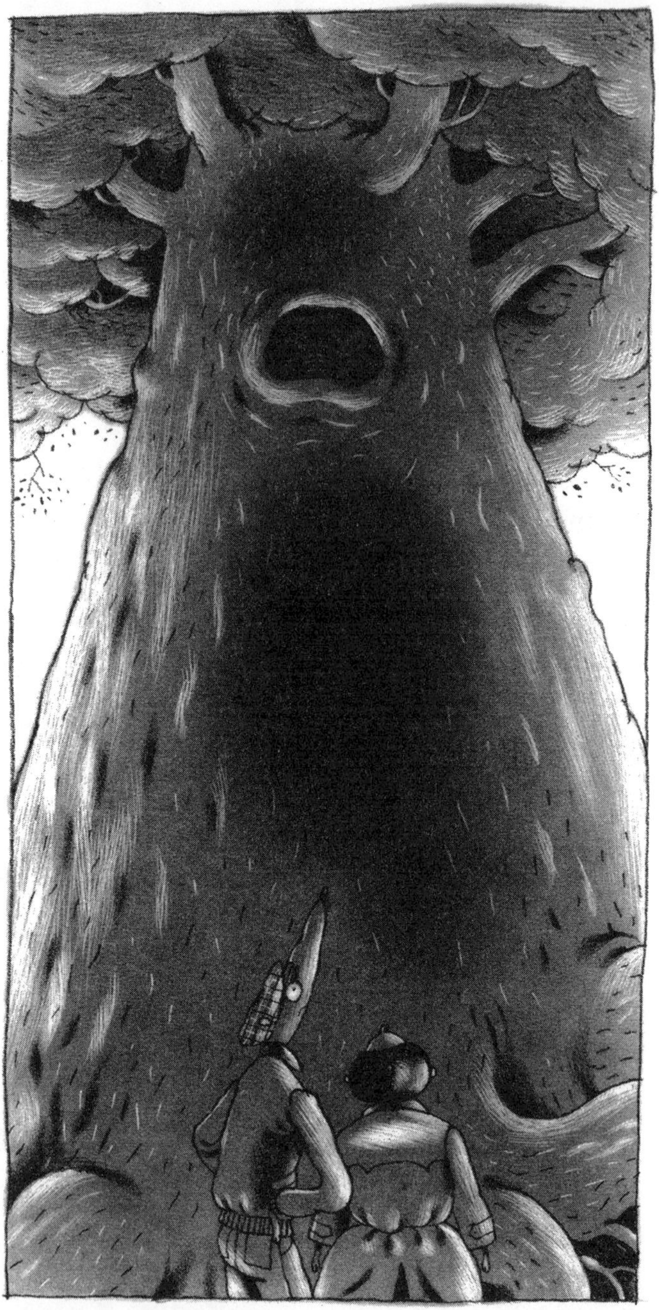

C'était plutôt une cathédrale de bois et de feuilles.

NOTRE-CHÊNE DE LA LUNE

4

ÇA, un chêne ? C'était plutôt une cathédrale de bois et de feuilles. Les policiers jugèrent en tout cas que Notre-Chêne poussait depuis plusieurs millions d'années.

Au-dessus d'un perron de racines géantes, la base mesurait peut-être dix mètres de tour. La colonne du tronc montait sans s'amincir ; des vagues de bois, des bosses rondes soulevaient sa peau craquelée. Un énorme trou, comme la bouche sévère du chêne, s'ouvrait dans l'écorce sous le départ des premières branches ; celles-ci, de la taille d'un arbre normal, retombaient au loin en ondulant et en lançant d'autres serpents de branches ; les feuilles du bout venaient titiller la crête des fougères.

Par les trouées du feuillage, on voyait le tronc qui continuait à s'élever droit pour chatouiller le ciel ! Dans les hauteurs, il était tout pelé de son écorce et hérissé de fourches nues, de pilons gris ; le ciel, agacé, l'avait-il frappé de sa foudre ?

Gramulot se grattait la tête.

– Eh ben... Si j'avais su, j'aurais mis mon habit de Tarzan...

– Regarde, ça bouge, là-bas...

Les policiers s'avancèrent dans l'ombre du chêne-cathédrale. Ils en auraient presque ôté leur chapeau : sous l'arbre, l'air était lourd de silence et de sacré. Des vitraux se découpaient dans la voûte sombre ; les rayons dorés tombaient dans les branches, coulaient sur le tronc ; le vent doux jouait à les allumer, à les balader. Le chœur des feuilles chuchotait une prière.

Biglard chuchotait aussi :

– Regarde, ça bouge, là-bas...

Ils observèrent alors un curieux manège. Un écureuil en blouse bleue s'affairait au pied de l'arbre. À grands moulinets de râteau, cavalant dans tous les sens, il raclait au sol les brindilles, les feuilles sèches, les coques de glands. Il avait fait deux gros tas de chaque côté du tronc.

– Qu'est-ce qu'il traficote, cet énergumène ?

Les amis s'approchèrent et le saluèrent. L'écureuil cessa de s'agiter pour les examiner.

– Bonjour messieurs.

– Bonjour messieurs.

Il fronça soudain les sourcils. Par-dessus l'épaule de Gramulot, il fixait un des tas de brindilles.

– Qui a fait ce gros tas !? C'est vous ?

– Mais non, c'est vous !

– Pas du tout ! Moi, j'ai fait ce gros tas, de l'autre côté !

Biglard coupa Gramulot qui allait s'énerver ; il sortit sa carte spéciale.

– Police des Potagers. Nous venons voir les sœurs de la Saint-Lune. Vous êtes monsieur... ?

L'écureuil réfléchissait.

– Pignon, dit-il enfin.

Puis il se frappa le front :

– La Police !!! Mais oui, les sœurs m'ont prévenu ! Suivez-moi, messieurs.

Il sauta sur le tronc, grimpa en un éclair et disparut dans les branches.

– Hé, ho, Pignon !!! beugla Gramulot.

La tête ahurie de Pignon pointa d'une touffe de feuilles :

– Qu'est-ce que vous attendez ?

– Voyez-vous, cher ami, nous ne sommes pas précisément des écureuils. Ni des mouches, d'ailleurs. Ni des lézards, ni des canaris, ni des ouistitis, ni des chauves-souris, ni des acrobates, ni des...

– Doucement, Gramulot, intervint Biglard. Ce qu'il veut dire, monsieur Pignon, c'est que nous ne pouvons pas grimper comme vous.

– Mais bien sûr ! fit l'autre. Évidemment ! Une minute, je reviens...

Tandis qu'ils poireautaient, Gramulot se toqua le crâne en regardant Biglard ; le commissaire mit un doigt devant sa bouche.

Il sauta sur le tronc, grimpa en un éclair et disparut dans les branches.

– Youhouuu ! Y'a quelqu'un ?

Une chose tomba silencieusement des branches et se balança dans l'air, juste sous le nez des policiers. C'était une corde blanche.

– Et voilà ! cria Pignon.

– Bonjour la gymnastique, râla Gramulot. Elle est solide, au moins, votre ficelle ?

– Pensez donc ! C'est du fil d'araignée de première qualité !

– Quoi !? Du petit fil d'araignée !? Chef, n'insistez pas, je refuse de monter.

– Bah, dit Biglard, puisque c'est du fil de première qualité...

Il se suspendit à la ficelle : pas de problème, ça tenait. Ni une, ni deux, il se mit à grimper à la corde lisse – il est fort, ce petit commissaire... – et disparut dans le feuillage. À contrecœur Gramulot se décida. Ho-hisse, et ho-hisse, il rejoignit les autres qui l'attendaient au départ d'une grosse branche. On était juste au-dessus du trou géant ; Gramulot se pencha et passa la tête dedans.

– Youhouuu ! Y'a quelqu'un ?

– Chut, voyons ! gronda Pignon. Vous allez réveiller les Du Trou du Tronc !

– Qui ça !?

Mais Pignon filait déjà vers les hauteurs ; il avait emporté la corde. Les amis se dévissèrent le cou : misère, il fallait encore grimper tout ça !?

Le bout de la corde leur tomba sur le nez. Méfiant, Gramulot tira : flop, la corde dégringola.

– Flûte, cria Pignon, j'avais oublié de faire le nœud ! J'arrive !

– Chut, voyons !

Biglard mit les mains en cornet :

– Pas la peine, monsieur Pignon ! On va se débrouiller autrement !

Le commissaire montra la ficelle à Gramulot qui s'étonnait : elle était tout effilochée à un endroit ! Gramulot posa la main sur son cœur.

– Je me sens mal, chef !

Ils inspectèrent le tronc mort à escalader. Tout du long, on voyait des nœuds, des tro-

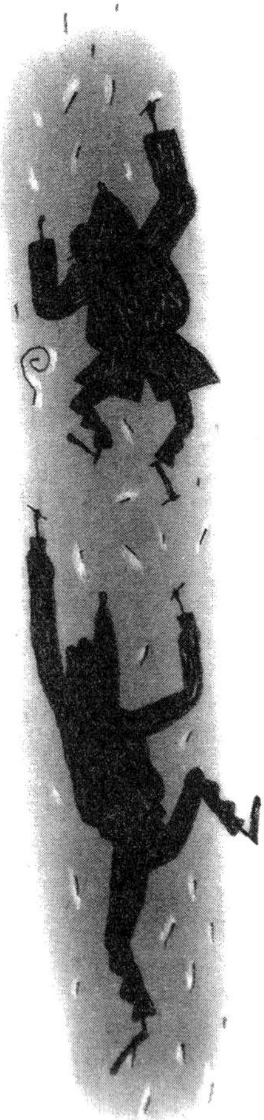

gnons, quelques trous réguliers, et même un large champignon de bois ; on pouvait grimper sans trop de risques. Ils raclèrent bien leurs souliers, puis commencèrent à monter de trognon en trognon, de pilon en nœud, en se donnant parfois la main. Ils dépassèrent un trou, mais cette fois Gramulot n'y mit pas la tête : franchement, à cette hauteur, entre deux trognons branlants, mieux valait s'occuper de ses mains et de ses pieds. Ils firent une pause, serrés comme deux sardines, sur la plateforme dure du champignon.

– Après ça, dit Gramulot, on pourra quitter la Police et s'engager dans un cirque.

Ils reprirent l'escalade. Enfin, tout soufflants, ils atteignirent une fourche où sifflotait Pignon.

– Jolie vue, non ?

Magnifique, en effet. On était presque au sommet de Notre-Chêne et on dominait toute la forêt. Le tronc montait encore un peu, lisse et nu, puis s'arrêtait net comme un poteau du téléphone.

Pignon leur fit une place ; les amis se cramponnèrent ; pour un milliard de sucettes, ils n'auraient pas regardé en bas. Un trou ovale s'ouvrait dans le tronc, juste au-dessus d'eux. Une grille de fer forgé tarabiscotée le fermait. Pignon s'accrocha aux barreaux et les secoua.

– Coucou, mes sœurs, réveillez-vous ! Vous avez de la visite ! Ce sont les pompiers !

– Tiens-moi par la ceinture, Gramulot.

UN BON PETIT DÎNER 5

PIGNON sauta sur le tronc et le dévala en rebondissant sur le bois.

– Je vous laisse ! Passez me voir dans mon nid, je vous prendrai un calendrier !

Commentaire de Gramulot :

– Je pensais que la bestiole la plus abrutie de la terre était le poulet ; je me trompais.

– C'est sûr qu'il a un petit problème de cervelle, confirma Biglard. Tiens-moi par la ceinture, Gramulot.

Le commissaire ôta son béret pour s'en donner de grandes claques sur les habits : il avait du vert d'arbre partout : il détestait ça. Il frotta aussi ses souliers pointus. Enfin, il tapota le béret contre le tronc et se le coiffa de travers comme les vrais montagnards. Acrobaties ou pas, on n'était pas des sauvages.

Cric-crac, uiiiiik, la grille s'entrouvrit, et la

tête de mère Alba apparut par l'ouverture. Elle n'avait ni voile ni bandeau – en voyant sa tignasse blanche, les amis constatèrent que toutes les chauves-souris n'étaient pas chauves. Les yeux tout bouffis de sommeil, elle dévisagea les policiers ; ceux-ci tâchaient de sourire, agrippés à leur perchoir.

– Ah, c'est vous ! La Lune soit avec vous. Mais, malheureux, que faites-vous sur ce trognon ?

Nos héros ne savaient absolument pas quoi répondre ; même Gramulot, qui n'a pourtant pas sa langue dans sa poche. La Blanche-Mère poursuivait :

– Vous n'avez pas vu M. Pignon, le concierge ?

– Mais... si !

– Il y a un escalier !?

– Et il ne vous a pas fait prendre l'escalier ? Stupeur des amis.

– Parce qu'il y a un escalier pour monter jusqu'ici !? fit enfin Gramulot.

– Mais oui ! Notre-Chêne est creux sur

toute sa hauteur ! Il y a un petit escalier en colimaçon qui part d'en bas !

Gramulot allait exploser.

– Pignon a dû oublier, dit mère Alba. Il ne faut pas lui en vouloir ; il est un peu étourdi, vous savez...

– On avait remarqué, assura Biglard. Désolé de vous réveiller, ma mère. Euh, nous pouvons entrer ?

– Donnez-nous cinq minutes, nous ne sommes pas prêtes !

Alors, à califourchon sur leur bout de branche morte, dans la brise qui berçait la cime du géant, nos pauvres amis admirèrent encore la vue exceptionnelle.

– J'aurai deux mots à dire à ce brave Pignon, promettait Gramulot.

On finit par les appeler. Ils se levèrent avec mille précautions, uïïïk, ouvrirent en grand la grille, puis enjambèrent le bord du trou. Des « kirikiki » de bienvenue les accueillirent ; ils étaient chez les sœurs de la Saint-Lune.

– Pignon a dû oublier.

Les chauves-souris occupaient une loge très propre et très simple. Un plafond et un parquet ciré la délimitaient au creux de l'arbre. Dans un angle, le fameux petit escalier en colimaçon, qui perçait donc le tronc de Notre-Chêne, traversait la pièce et menait sans doute là-haut, à la pointe de l'arbre ; Gramulot lui jeta un œil sombre.

Un grand lustre à quatre branches pendait du plafond. Les sœurs y pendouillaient elles-mêmes : c'était là leur perchoir. « Trois sœurs par branche, plus la mère au milieu, ça fait treize », calcula Biglard ; heureusement qu'on n'était pas superstitieux, à la Police des Potagers...

Trois gros globes de verre blanc brillaient au lustre – le quatrième ne marchait pas – et jetaient dans le nid des ombres de fantômes aux oreilles incroyables.

Les meubles ? Un placard creusé dans le mur, et un coffre précieux de bois noir et d'argent ; point final. « Compris, se dit Gra-

Un grand
lustre à quatre
branches
pendait
du plafond.

mulot en avisant le coffre. C'est là qu'elles planquent leur trésor, la Sainte-Pastille, ou je ne sais quoi... »

Serrée dans la cape de ses ailes, mère Alba tordait le cou vers les visiteurs.

– Mes fils, c'est l'heure de la prière du soir. Nous la réciterons à votre intention.

– Mes fils, c'est l'heure de la prière.

Biglard donna un coup de coude à Gramulot ; ils ôtèrent leur chapeau. La mine sérieuse, ils s'apprêtèrent à écouter la prière des sœurs. Ils furent bien surpris.

– Kiki, klikli, kiki-kilikri, commença la Blanche-Mère.

– Kiki-kilikri, fit le chœur.

C'était du charabia de chauves-souris ! Des kliklis aigus de radar électronique qui picotaient les tympans ! Les amis serraient les dents ; on ne pouvait quand même pas se boucher les oreilles à la prière du soir ! Les sœurs cliquetèrent ainsi pendant un bon quart d'heure. Enfin, après des tirades de kliklis et de krikris, mère Alba parla comme vous et moi.

– Que la paix de la Lune trempe le cœur de nos frères ici présents, et qu'elle leur donne des ailes dans leurs élans.

– Kirikiki.

Les sœurs ouvrirent une aile et, de la pointe, tracèrent un rond dans l'air devant leur front. C'était la fin de la prière.

– Kirikiki.

Aussitôt, elles voletèrent dans la loge en cliquetant gaiement. Deux d'entre elles tirèrent le coffre au centre de la pièce. Deux autres y posèrent un plateau tintant de vaisselle.

– Vous allez partager notre petit déjeuner, dit la Blanche-Mère aux policiers.

Nos amis acceptèrent volontiers ; ça leur ferait un excellent petit dîner. Ils s'assirent en tailleur à même le plancher. On leur servit deux tranches de cake dans une soucoupe et un minuscule verre d'une liqueur verte. Comme ils reniflaient discrètement les verres, mère Alba expliqua :

– Nous la faisons nous-mêmes avec des

herbes, selon une recette secrète. Buvez, ça tue le microbe.

Puisque le microbe allait aussi déguster, on trinqua sans hésiter ; pendues au lustre, les sœurs tenaient leur verre avec une grande habitude, sans renverser une goutte. Gramulot siffla sa liqueur : pas mauvais, ma foi, ce médicament-apéritif ! Il enfourna là-dessus une part de cake : mmm, succulent... Ce cake aux vermisseaux parfaitement cuit lui rappelait celui de sa grand-mère.

Mère Alba trempait son cake dans la liqueur. Elle parlait entre deux bouchées.

– Mes fils, nous vous attendions avec beaucoup d'impatience. La cérémonie aura lieu la nuit prochaine. Nos sœurs de tous les pays arriveront dès ce soir ; vous les verrez demain. D'ici là, vous logerez dans la chambre d'amis.

Biglard posa sa soucoupe. Une petite chose le turlupinait.

– Le trésor est-il en sûreté chez vous, ma mère ?

– Nous le pensons, mon fils. Sœur Albina, avant de débarrasser le plateau, remplissez donc les verres.

– Oui, admit Gramulot, il y a quelques microbes qui résistent.

– Albinette, continuait la Blanche-Mère, ouvrez le coffre. C'est le moment.

Crouïk, Albinette tourna une clef dans la serrure du coffre. Aidée par Albina, elle souleva le lourd couvercle. Les amis se dépêchèrent d'avaler ; on allait voir le trésor !

C'était... les costumes de cérémonie !

CHEZ LES DU TROU DU TRONC 6

ALBINETTE était nerveuse.

– J'y vais, ma mère ?

– Oui, ma fille ; ne faisons pas attendre ces messieurs plus longtemps.

Albinette sortit deux linges soigneusement pliés. Albina referma le coffre. Les policiers ouvraient des yeux ronds. Albinette déplia un des linges.

– C'est le vôtre, inspecteur. Je n'ai pas fermé l'œil de la journée pour le terminer. J'espère qu'il vous plaira !

C'était... les costumes de cérémonie ! Gramulot se cacha les yeux.

– Déshabillez-vous et enfilez-les vite, dit mère Alba. Nous ne regardons pas.

Les sœurs se drapèrent dans leurs ailes et tournèrent le dos. Gramulot secouait la tête, désespéré. Biglard écarta les bras ; et quoi faire ? Les petites sœurs avaient tant travaillé... Ils se dévêtirent et passèrent chacun leur habit de chauve-souris.

– Vous êtes superbes !

– Voilà. Vous pouvez vous retourner.

À la vue des amis attifés, les sœurs poussèrent de grands krikris de joie et claquèrent des ailes. Elles papillonnèrent autour d'eux pour lisser un petit pli, pour leur faire tendre le bras.

– Montrez-vous... vous êtes superbes !

Gramulot avait passé une combinaison en peau de léopard ; des ailes en caoutchouc noir pendaient de ses bras et s'attachaient aux jambes entre les chevilles. L'habit de Biglard – du même principe – était en peau de zèbre.

– Et les coiffes ? Il faut qu'ils mettent les coiffes !

Les sœurs tirèrent du coffre deux paires d'oreilles monstrueuses en carton, fixées à des calots de peau. Elles en coiffèrent les amis abattus.

– C'est parfait ! déclara mère Alba. Vous faites de splendides chauves-souris des îles. Il faudra vous choisir des noms pour ne pas attirer l'attention pendant la cérémonie.

– Chef, proposa tout bas Gramulot, que pensez-vous de Gugusse et Pipo ?

– C'est parfait !

Leur beau costume sous le bras, les policiers suivaient sœur Albinette dans le colimaçon du petit escalier ; au cœur du chêne, on descendait vers la chambre d'amis. La nuit tombait : malgré les quelques ouvertures dans le tuyau du tronc, on ne voyait strictement rien ; les amis trébuchèrent vingt fois, manquant de tamponner la sœur et de débouler tous ensemble dans les marches comme des paquets de noix. Gramulot gémissait :

– J'ai le tournis, chef ! Et je vais finir par attraper un torticolis des genoux !

– Laisse-moi me concentrer, nom d'une pipe ! pesta Biglard qui tâtait du bout du soulier la prochaine marche.

Enfin, après l'interminable descente, nos compères sentirent sous les pieds un plancher rassurant.

– Vous êtes chez vous, dit Albinette.

Dans la lueur pâlichonne d'une lucarne, ça semblait petit ; juste assez de place pour deux matelas et, dans un coin du palier, pour l'ouverture de l'escalier, qui devait continuer à tournicoter jusqu'au sol. Au mur, entre les matelas, des traits de lumière dessinaient une porte.

– Chut, fit soudain Biglard. Qu'est-ce qu'on entend ?

Fouuu-fou-ouuu, une musique très douce leur parvenait.

– C'est monsieur Du Trou qui joue, souffla sœur Albinette. Ici, nous sommes à l'étage des Du Trou du Tronc ; ce sont eux qui prêtent la chambre.

– Mais qui c'est, à la fin, ces zigotos ? s'agaça Gramulot.

– Des voisins bien aimables.

– Nous sommes à l'étage des Du Trou du Tronc ; ce sont eux qui prêtent la chambre.

Le commissaire s'inquiéta :

– Ils sont au courant, pour la cérémonie ?

– Oui, mais nous avons toute confiance en eux. Les Du Trou sont comme nous des créatures de notre Mère la Lune...

– Que ses rayons leur gratouillent le crâne entre les oreilles, conclut gravement Gramulot.

Albinette toqua sur la porte et l'entrouvrit ; la musique cessa. La sœur annonça :

– Les invités sont là, monsieur le petit-duc !

– Qu'ils entrent, ma bonne, qu'ils entrent !

On entra.

En découvrant cette véritable grotte aux parois de bois, les invités comprirent aussitôt qu'on se trouvait dans l'énorme trou du tronc, la bouche sombre de Notre-Chêne. À ce niveau, le ventre de l'arbre était donc si vaste qu'il abritait la grotte, la chambre d'amis voisine et le petit escalier intérieur !

Perchés sur une mince corniche, sous le halo jaune d'une loupiote, les policiers fouillaient l'endroit du regard. Un souffle d'air les fit sursauter. Monsieur Du Trou du Tronc se tenait à leurs côtés.

Monsieur le petit-duc était un hibou miniature à peine plus gros qu'un moineau. Deux cornillons de plumes pointaient sur son crâne. Un gros monocle lui cernait un œil. Un tricot sans manche un peu râpé couvrait son corps.

– Hibert du Trou du Tronc, dit-il, avec un petit salut de l'aile. Voici mon épouse, la petite-duchesse. Bienvenue à Notre-Chêne.

L'épouse en question – une boulette de plumes, à l'autre bout de la corniche – leur fit du bec un signe sec. Les amis bredouillèrent des « bonsoir ».

– Une liqueur de noisettes ? offrit le petit-duc.

– C'est votre troisième, Hibert ! grinça la petite-duchesse.

– Allons, ma douce Aigrette, ne me faites pas les gros yeux ; c'est pour accompagner ces messieurs.

– Juste une larme, alors, dit Gramulot.

Il était déjà beaucoup moins intimidé.

Sœur Albinette salua poliment la compagnie. « Nous avons du travail. » Elle déplia les ailes et pfuit, s'envola par la large ouverture du tronc. Tandis que le petit-duc servait les verres, les policiers s'assirent jambes pendantes sur la corniche. Ils examinèrent la grotte. Elle semblait sans fond, un peu poussiéreuse, et pratiquement vide. Seul objet notable : un instrument bizarre, touches de piano et tuyaux de bois, qui était comme sculpté à la paroi. « Une sorte d'orgue ancien », pensa Biglard.

Ting, on choqua des verres-ballons. Le petit-duc proposa d'énormes bâtons-réglisse – taille n° 6 ! – qui venaient directement des îles Vanille ; Biglard en choisit un et se promit de le mâchouiller très lentement pour le faire durer. On sirota la liqueur en papotant de choses et d'autres, comme on fait dans ces cas-là. Il n'était surtout pas question de la mission secrète !

Le petit-duc proposa d'énormes bâtons-réglisse qui venaient directement des îles Vanille.

Discrètement, Hibert remplissait encore les verres en clignant de l'œil. Mettez-vous à la place des amis : impossible de refuser, quand on est un invité qui sait se tenir ; il fallait juste faire des petits gestes qui signifiaient : « Là, là, houlà, merci ! »

– Savez-vous, disait le hibou, que Notre-Chêne a plus de mille ans ?

Tiens, seulement ? Gramulot était déçu.

– Cessez donc de bavarder, Hibert, intervint la petite-duchesse. Et crachez cet infect bâton-réglisse. C'est l'heure d'aller chasser le moustique. D'ailleurs, ces messieurs ont sûrement sommeil...

– Pas du tout ! protesta Gramulot.

– Mais si, voyons, dit Biglard en se levant. Nous avons vraiment abusé.

– Attendez, s'écria le hibou, je vais vous jouer un petit air de ma composition !

– Une autre fois, monsieur le petit-duc. Bien le bonsoir et merci. Ouste, au lit, Gramulot !

Ils regagnèrent leur chambre en laissant le

petit-duc tout dépité avec son Aigrette aigrelette.

Ils étaient couchés dans le noir, sur les matelas confortables de feuilles sèches. Un rayon de lune tombait de la lucarne sur le pavillon d'une oreille en carton. Biglard finissait avec délices son gros bâton-réglisse. Gramulot bâillait.

– Sympathique, ce mini-duc, hein, chef ? Et sa liqueur aussi. Mis à part la comédie des costumes, c'est une petite mission bien pépère.

– Minute. On dira ça après la cérémonie, quand le trésor sera rentré. Allez, fais de beaux rêves, mon vieux.

– Bonne nuit, chef.

La nuit fut mauvaise et les rêves crevèrent comme des bulles. Jusqu'à l'aube, dans le coton du sommeil, ils entendirent des froufrous d'ailes et un murmure de kliklis.

Ils se dressèrent
sur les matelas :
des bols
fumaient
sur un plateau
à leurs pieds.

7 LE PEUPLE AUX AILES DE PEAU

LES AMIS ouvrirent un œil au matin. Des craquotis de marches, des glissements sur le plancher les avaient réveillés. À ces petits bruits de voleur, chacun pensa automatiquement à son pistolet à petits pois qui se trouvait à portée de main – un bon policier doit toujours se méfier.

Puis ils reniflèrent ; cette odeur délicieuse qui flottait dans la chambre, c'était... du chocolat ! Ils se dressèrent sur les matelas : des bols fumaient sur un plateau à leurs pieds : une sœur invisible leur avait apporté le petit déjeuner au lit !

Gramulot fit l'inventaire en se frottant les mains :

– Chocolat chaud, crêpes au miel, croûtons grillés, beurre de limaces, cerises sauvages...

Je vous le disais bien, chef : elle est géniale, cette mission.

Ils avalèrent le petit déjeuner de grand appétit. En finissant son chocolat, Biglard se paya son premier bâton-réglisse de la journée. Gramulot crachait des noyaux de cerises dans son bol.

– On n'est pas là pour faire la grasse matinée.

– Il manque juste mon journal des sports, soupira-t-il.

Le soleil montrait sa frimousse à la lucarne. Ils rêvassèrent cinq minutes, pendant que leur estomac ronronnait, puis Biglard se secoua.

– Dis, on n'est pas là pour faire la grasse matinée. Habillons-nous. Je pense qu'une surprise nous attend dehors.

Ils retapèrent les lits en vitesse – c'est-à-dire qu'ils donnèrent des petits coups de pied dans les matelas – puis firent une bonne toilette, en se frottant les yeux, en se grattant les oreilles, et en se peignant les tifs et les poils de la moustache.

Tout guilleret, Gramulot passait son tee-shirt. Biglard le regarda.

– Qu'est-ce que tu fais ?

– Ben... je m'habille, pardi ! On va pas se promener tout nus chez les sœurs !

« Non », disait Biglard de la tête. Gramulot comprit enfin.

– Chef, pitié ! Vous croyez qu'il faut...

– Chef, pitié !

« Oui », confirma le commissaire. C'était le jour de la cérémonie : il fallait enfiler son bel habit de chauve-souris ! Gramulot arracha son tee-shirt en gémissant. Quand ils eurent passé les combinaisons de peau de bête et coiffé les oreilles ridicules, Biglard déclara :

– Tu seras « sœur Gramula », et moi « mère Bigla ». Pas de gaffes, surtout !

Gramulot préférait encore en rigoler :

– À vos ordres, ma mère ! Que la Lune caresse votre peau de zèbre dans le sens du poil !

– Hep, dit le commissaire, n'oublions pas notre saint-attirail !

Ils glissèrent les pistolets à petits pois dans leur combinaison ; ils étaient prêts ; la mission commençait pour de bon.

– On monte chez les sœurs, chef ?

– Non, mon petit vieux. D'abord, on vérifie que ce sacré tortillon d'escalier descend bien jusqu'au sol.

Ils dévalèrent les marches. Tout en bas, ils poussèrent une porte : elle débouchait entre deux grosses racines, au pied même de Notre-Chêne.

– Bon, maintenant, on remonte. On s'arrêtera à mi-hauteur du tronc et on se faufilera par une ouverture pour inspecter le branchage. J'ai dans l'idée qu'on ne sera pas déçus...

Ils claquèrent la porte et hop, hop, escaladèrent le colimaçon, en pestant contre la peau d'aile entre leurs pattes qui les gênait plutôt. Ils dépassèrent leur chambre. Une lueur annonça bientôt la première ouverture. Gramulot se hâta dans les marches. Parvenu

– Bon maintenant, on remonte.

au trou, il ôta ses fausses oreilles pour passer la tête.

– Voyons-voyons...

Il fit un bond en arrière. Une grimace d'épouvante tordait sa figure. Incapable d'articuler un mot, il désignait l'extérieur. Biglard risqua un œil ; il frissonna dans sa peau de zèbre : UN MUSEAU MONSTRUEUX PARAISSAIT À HAUTEUR DU TROU ! Un mufle roux, énorme, poilu, et à l'envers.

– Pas de panique.

– Pas de panique, ce n'est qu'une chauve-souris géante.

– Vous en avez de bonnes, chef... C'est un éléphant-volant, une chauve-baleine ! Hé, revenez, vous êtes maboul !!!

Biglard était passé par le trou. Il marchait déjà sur la branche, juste en dessous du monstre endormi. « Arrive », fit-il de la main pour Gramulot ; il avait l'air épaté. « Est-ce que les chauves-souris sont cannibales ? », se demandait l'inspecteur en se glissant à son tour par le trou. Il évita soigneusement le bout des pavillons qui frôlaient la branche. Le monstre roux pendait, drapé dans le voile noir de ses ailes. Ça faisait quand même de l'effet : imaginez un jambon de mammouth qui sécherait à une poutre !

Mais ce n'était pas tout. Émerveillé, Biglard montra du doigt les branches tout autour : les chauves-souris y pendouillaient par dizaines. Des petites, des moyennes, des grosses, toutes les espèces mélangées ; on voyait là les sœurs ailées de la terre entière, qui dormaient après un long voyage. L'arbre bourdonnait de leurs paisibles respirations. Ainsi, dans la nuit, le vieux chêne était devenu un chauve-souricier couvert de fruits.

Les amis se poussaient du coude et se désignaient d'invraisemblables espèces. Des chauves-souris pygmées, noires du bout des pattes à la pointe des oreilles, pendaient comme des pruneaux ; elles venaient tout droit des forêts vierges du Zinzimba. Quatre sœurs chinoises formaient une grappe et

enfouissaient leur museau dans la cape orange vif de leurs ailes. Ce pompon blanc sous les feuilles, cette touffe de longs poils que le vent éparpillait, c'était une chauve-souris des neiges. Gronk, grouïk, deux sœurs dodues ronflaient dans leur sommeil ; elles ne pouvaient s'emmitoufler tout à fait, et montraient de roses et lisses bedaines ; en Australie, on les appelle des cochons-papillons. Une guirlande de chauves-souris vertes intrigua beaucoup les policiers : une peau de lézard sans un poil tendait les ailes et recouvrait leur corps ; c'était de minuscules dragons de l'île Coco. D'autres encore – les terribles loups-goulus de Poméranie – avaient de vilaines têtes de bouledogues, des ailes de cuir et des pelages hérissés ; brrr... heureusement qu'ils tenaient dans la main !

Gramulot pouffait.

– Hi, hi, hi, regardez celle-là, chef !

Puis il se pétrifia : tout près de lui, l'œil de la chauve-souris géante s'était ouvert et le fixait. Gramulot pouvait voir son reflet entier dans le globe de la prunelle. Désespérément, il chercha dans sa tête la formule aimable des chauves-souris. « Kili-kili... non, kiri-kili... non... » Trop tard. Sans quitter son perchoir, le monstre déplia ses ailes immenses et les ferma sur la branche des amis. Les malheureux se trouvaient prisonniers sous une tente noire, à quelques centimètres du mufle de cauchemar.

– Mamaaan !...

– *Kirikiki !*

FRÈRE CHÉRUBIN EST PARMI NOUS ! 8

– KIRIKIKI ! dit le monstre, avec une toute petite voix.

Les policiers qui, les jambes molles, pointaient les pistolets, comprirent tout de suite leur erreur. Ils s'écrièrent :

– Kirikiki pour vous aussi, ma sœur !

Et vlouf, la bestiole replia ses ailes, ferma les yeux et se rendormit.

Voilà ! Ça n'était qu'une salutation à la manière des chauves-souris ! Le bonjour international de toutes les sœurs ! Ah, la brave bête... Pour un peu, les amis auraient dansé sur la branche : d'abord, ils étaient vivants ; ensuite, ils avaient fait copain-copain avec un buffle-volant de cinq cents kilos (ça valait mieux) ; enfin, on les avait pris pour de véritables chauves-souris. Nez à nez, sous les tentes réunies de leurs fausses ailes, ils s'envoyèrent en riant des séries de « kirikiki ».

Il toquait sur une cape.

Puis, comme il voulait s'exercer encore à la politesse et partager son humeur excellente, Gramulot parcourut la branche et réveilla de nombreuses chauves-souris qui pendaient à sa hauteur – en choisissant les plus petites. Il toquait de l'ongle sur une cape serrée et déployait les ailes en parapluie quand la sœur s'ouvrait ; museau contre museau, ils échangeaient la formule, et la sœur se rendormait aussitôt. Parmi toutes les chauves-souris éveillées, seul un bouledogue microscopique cliqueta sa colère d'être ainsi dérangé ; ce qui amusa plutôt les amis.

D'accord, tout ça n'était pas très sérieux pour des policiers en mission. Mais bon, pas de danger qu'un collègue en promenade les reconnaisse sous ce déguisement ; et puis quoi, c'était un moyen de faire connaissance...

Ils quittèrent leur perchoir et se baladèrent

un peu partout dans l'arbre en escaladant ou en sautant de branche en branche. Ils devenaient habiles – de vrais acrobates – et se sentaient de mieux en mieux dans leur peau de chauve-souris.

– Saluons cette brave sœur, disait parfois Biglard.

– Saluons cette brave sœur.

Ils faisaient alors le coup du parapluie et découvraient une espèce inconnue. Oui, décidément, la politesse arrangeait bien les choses : elle permettait par exemple aux policiers de fouiner dans le secret des ailes et d'examiner sous le nez chacun des participants à la cérémonie. Pas bête, non ?

Ils gambadaient sur une branche basse, après s'être frotté le museau à une chauve-souris suisse (un chauve-coucou très rare). Biglard arrêta Gramulot :

– Regarde un peu qui est en bas : c'est ce bon Pignon.

Au pied de l'arbre, l'écureuil était en grande conversation avec un personnage. On vit soudain Pignon bondir sur le tronc. Il grimpa sur la branche la plus basse, sous les policiers, et déroula sa fichue corde en fil d'araignée.

– Hep-là, Pignon, s'inquiéta Gramulot, qu'est-ce que vous fabriquez ?

– Bonjour-bonjour, mes sœurs. Je vais aider ce pauvre frère à monter.

– Mais il y a l'escalier !!!

– Quoi ? Comment ?

Les amis se hâtèrent de changer de branche et, d'office, lui confisquèrent la ficelle.

– Attendez ! cria Gramulot au frère en bas. Euh, corde pas bonne ! Klikli-crac ! Badaboum-krikri ! Kiki-couic ! Nous venir kili-kili !

– D'accord, je vous attends ! répondit l'autre.

Ouf, il ne parlait pas seulement le kri-kri... Les policiers plantèrent là cet ahuri de Pignon et firent les singes pour gagner la première ouverture dans le tronc. Puis ils dévalèrent l'escalier jusqu'au sol.

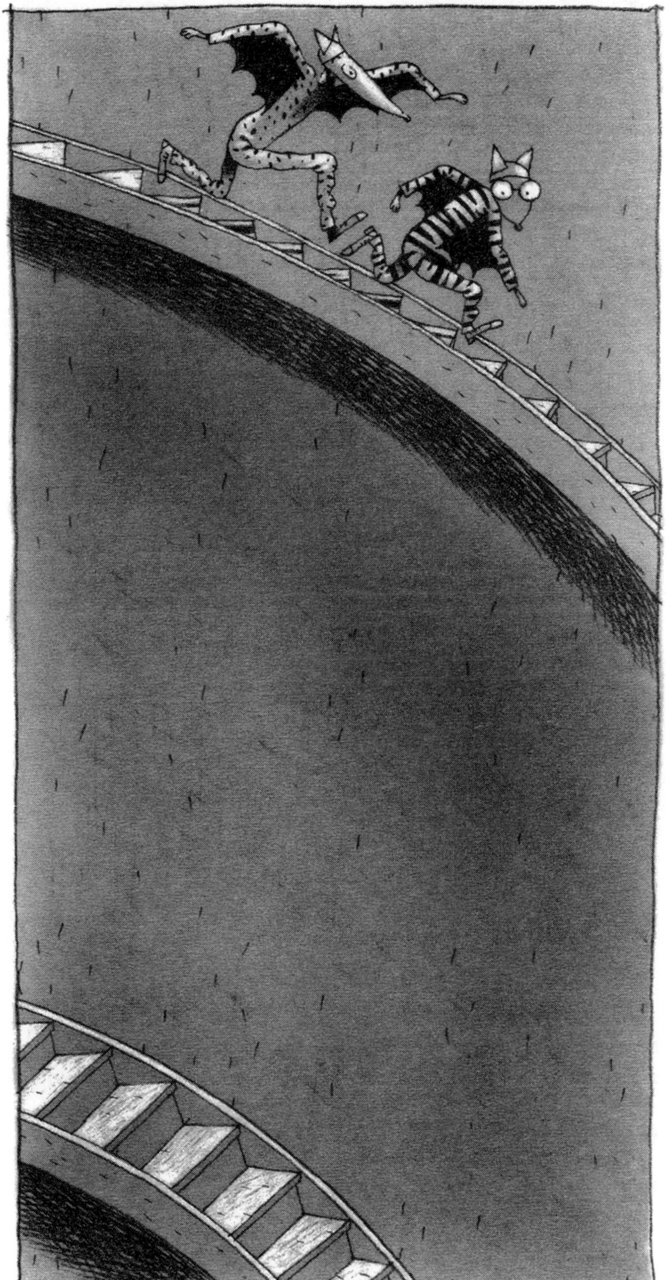

Ils dévalèrent
l'escalier
jusqu'au sol.

– Vous avez eu chaud, dit Gramulot en arrivant près du frère. La ficelle est pourrie.

– Mère Bigla et sœur Gramula.

Il faillit tendre la main, mais se rappela qu'il était une chauve-souris. Il mit les ailes en parapluie sur les têtes et prononça le kiri-kiki d'usage. Puis il y eut un silence ; chacun se dévisageait.

Ce coco-là était sans aucun doute une chauve-souris. D'un habit de moine sans manches sortaient deux ailes de peau repliées ; l'une d'elles était bandée. Un grand capuchon couvrait la tête et les oreilles. On ne voyait de la figure qu'un bout de museau pointu et, dans l'ombre de la capuche, deux yeux qui luisaient. « Et allez, encore une nouvelle espèce... », se disait Gramulot.

On se présenta.

– Mère Bigla et sœur Gramula.

– Frère Chérubin, chauve-moine capucin. Que la Lune vous bénisse, mes sœurs ; vous êtes bien bonnes de secourir un pauvre frère blessé (il montrait son aile bandée). Je ne peux plus voler. Mais... vous ne volez pas non plus, à ce qu'on dirait ?

– En effet, en effet, dit Biglard. Nous sommes des chauves-souris des îles Pitimini. Elles sont tellement petites, ces îles qu'on a complètement perdu l'habitude de voler.

– Ah ? fit le moine.

Sacré Biglard, où va-t-il chercher tout ça ? Pour confirmer, flap, flap, Gramulot agita tristement la peau molle de ses ailes.

– Ah ? fit le moine.

Il regardait leurs chaussures.

– Voilà pourquoi nous sommes venues à pied, s'empressa d'ajouter le commissaire.

– Vous devez être bien fatiguées. Je vous avouerais que je le suis aussi. Moi, j'ai perdu l'habitude de marcher. J'irais volontiers me reposer sur les branches de Notre-Chêne. Je prierai au milieu de mes sœurs en attendant la cérémonie.

– Suivez-nous, frère Chérubin, nous connaissons le chemin !

En file indienne, ils cheminèrent entre les racines vers la porte du petit escalier ; mais sur le seuil, Biglard stoppa.

– Passez devant, sœur Gramula ; et allez ranger un peu le bazar dans notre chambre.

– Mais ch... euh, ma mère, on l'a rangée !

– Vous êtes sûre qu'il n'y a pas des affaires qui traînent ?

Leurs affaires ! Mais oui, les habits civils, blouson, gabardine, chapeaux, etc. ! Si le moine les voyait en traversant la chambre, les policiers étaient démasqués !

– Nos chaussettes sales, c'est vrai ! dit Gramulot qui avait pigé. Je galope, ma mère.

Il grimpa quatre à quatre le colimaçon.

Frère Chérubin devait maintenant ronfler depuis un moment dans les branches. Les amis avaient regagné leur chambre pour faire une bonne petite sieste ; il fallait se reposer avant la nuit qui s'annonçait. Allongés sur les matelas, les mains sous la tête, ils écoutaient un doux murmure de tuyaux : à côté, le petit-duc Hibert jouait.

Gramulot se mit soudain à glousser :

– Les salades que vous avez racontées au petit frère, chef !... C'est pas beau de mentir à un moine !

Biglard mâchonna son bâton-réglisse avant de répondre.

– Tu as vu comment il s'est installé sur sa branche ? dit-il enfin. À califourchon, comme nous !

– Bah, c'est peut-être une espèce qui ne pendouille pas ! Ou alors il a les pieds en compote...

– Ouais... N'empêche : ce petit Chérubin, on va le tenir à l'œil.

La paix du soir entrait par la lucarne. Les marches de l'escalier craquèrent. Sœur Albinette apparut.

– Messieurs, nous allons sortir le trésor.

Elle était très émue.

– Que le chant de la Lune coule en vos pavillons.

9 LE TRÉSOR DES PETITES SŒURS

Ils débouchèrent dans la loge là-haut. Les sœurs pendaient au lustre illuminé.

– Que le chant de la Lune coule en vos pavillons, dit mère Alba en voyant les amis. Mes frères, vous allez partager...

– Slurp, votre petit déjeuner ?

– Non, notre prière du soir.

Les policiers joignirent les mains et baissèrent les yeux. Ils écoutèrent jusqu'au bout la prière des sœurs, en oubliant celle de leur estomac. Gramulot essaya même de répéter les kliklis.

Puis, après un silence sacré, la Blanche-Mère déclara :

– L'heure est venue de mettre en place la Sainte-Bille. Êtes-vous prêtes, mes filles ?

Mère Bigla et sœur Gramula, en tout cas,

avaient déjà la main sur la crosse de leur pistolet à petits pois...

– Que la cérémonie commence !

C'était ça, la Sainte-Bille !

Les sœurs voletèrent au sol et firent un cercle de capes noires en étendant les ailes. Seules la Blanche-Mère, Albinette et Albina restaient au perchoir ; mais elles n'y pendouillaient plus : délicatement, elles commençaient à dévisser le globe lumineux qui ne marchait pas.

– Elles vont changer l'ampoule, ou quoi ? chuchota Gramulot.

Et en effet, quand le globe fut tout à fait dévissé, mère Alba l'ôta de la branche, se tourna lentement et le tendit au-dessus du cercle de ses filles.

– Que la Sainte-Bille rayonne en nos cœurs !

Quoi !? C'était ça, la Sainte-Bille !? Un misérable globe de lampe !? Des trésors de ce genre, on en trouvait à la pelle au Super Mini-Prix !

Puis les policiers plissèrent les yeux en

fixant la boule. Non... non, ce n'était pas un globe de Super Mini-Prix. Elle luisait d'un éclat doux et profond qui provenait de son cœur. Cette lueur mystérieuse de bille pleine, cette légère transparence ne trompaient pas : ce que mère Alba brandissait en tremblotant, c'était une perle géante ! La plus grosse perle du monde, tout simplement ! Un trésor fabuleux !

C'était une perle géante !

Biglard et Gramulot hochaient la tête et se clignaient de l'œil. Ils saluaient en connaisseurs la ruse des sœurs de la Saint-Lune : pour mieux camoufler leur trésor, elles l'avaient étalé à tous les regards. Chapeau...

La voix de mère Alba vibrait :

– Filles de la Lune, recevez la Sainte-Bille en vos ailes !

Les ailes des sœurs formaient désormais un drap noir tendu sous le lustre. La Blanche-Mère bascula sur sa branche et déposa la perle au centre du drap. Ses filles entonnèrent un chant cliquetant.

– Qu'on ouvre la grille !

Albinette et Albina volèrent à la grille, l'ouvrirent et disparurent au-dehors. D'un élan, mère Alba quitta son perchoir et les rejoignit dans la nuit.

– Qu'on me donne la Sainte-Bille !

Le cercle des sœurettes se déplaça lentement dans la loge pour s'approcher de l'ouverture ; le drap des ailes s'inclina : la perle hésita, puis roula. La nuit la goba.

Ébahi, Gramulot regarda son chef : une perle de plusieurs milliards bazardée dans les airs ! Biglard triturait nerveusement sa moustache.

– Qu'on me hisse au mât sacré !

Par l'ouverture, les policiers virent alors défiler un curieux cortège : Albinette et Albina flapaient à tire-d'aile et hissaient par les pattes la Blanche-Mère. Celle-ci pendouillait dans le vide et serrait la Sainte-Bille dans le berceau de ses ailes !

– Sœurs de la Saint-Lune, volez au mât sacré !

– Qu'on me hisse au mât sacré !

Une à une, les sœurs quittèrent la loge et s'envolèrent par le trou.

– Et nous, on fait comment !? protesta Gramulot. Elles oublient qu'on a des ailes en peau de saucisse !

Le commissaire fit « chut ! » du doigt et montra l'escalier qui grimpait au sommet. Le bouillonnant Gramulot voulut s'élancer, mais Biglard le retint par un bout d'aile-caoutchouc. Un appel, une formule sacrée allait sûrement venir ; il ne fallait pas troubler le déroulement de la cérémonie. Quelques secondes passèrent, interminables pour les policiers ; puis la voix de mère Alba leur parvint :

– Peuple aux ailes de peau, filles aimées de la Lune, ô, vous les grandes-oreilles, m'entendez-vous ? La Sainte-Bille est en place ! Elle rayonne au mât de Notre-Chêne ! Recueillez-vous dans sa lumière !

– Maintenant, Gramulot !...

Les amis sautillèrent comme des sauterelles dans l'escalier. Ils avalèrent quelques marches en hélice et jaillirent dans la nuit. Ils papillotèrent des paupières ; le souffle leur manqua ; et leur cœur farouche de policier tambourina.

Une vision d'une grande pureté s'offrait à eux.

LE CHANT DE LA LUNE 10

UNE VISION d'une grande pureté s'offrait à eux. Ils étaient à la pointe extrême de Notre-Chêne, sur un balcon tout rond et grand comme un confetti. Au centre, à l'amorce de la dernière marche, s'élevait le mât sacré. Tout en haut luisait la Sainte-Bille ; les sœurs de la Saint-Lune voletaient dans son éclat.

Nos compères ne pouvaient pas parler. Ils se penchèrent au balcon. À la clarté de la pleine lune qui éclaboussait les branches, ils virent que toutes les chauves-souris s'étaient rassemblées sur les hauteurs ; elles pendaient en grappes, en guirlandes hirsutes, en ribambelles touffues.

Mère Alba voleta près de Biglard.

– Restez là, mes fils, et faites-vous tout petits ! Les danses commenceront bientôt.

Ils s'allongèrent à demi, le dos contre le

balcon. Ils ne quittaient pas du regard la perle géante : elle brillait de sa propre lumière ! Les minutes passèrent. Une paix profonde régnait. On entendait seulement un léger froufrou d'ailes quand une des sœurs frôlait là-haut la bille.

La lune montait dans le ciel.

– Je crois qu'elles attendent que la lune soit à la bonne place, souffla Biglard.

Car la lune montait encore dans le ciel.

Les amis tendirent soudain l'oreille – la vraie, pas celle en carton. Une étrange vibration naissait, comme un long tintement de cristal. Elle venait du ciel, de la lune même, et semblait tendue entre l'astre et la perle ; c'était le chant de la lune ! L'astre avait enfin trouvé sa place parmi les étoiles piquetées de la Grande Chauve-Souris. Sous les peaux de zèbre et de léopard, les policiers avaient la chair de poule.

Alors, dans la magie de la Saint-Lune, commencèrent les danses sacrées.

Les premières à quitter leur perchoir furent

trois chauves-souris-papillons. Elles tournèrent en cercles autour de la perle, se rapprochant sans cesse et mêlant des kliklis à peine perceptibles au flûté de la lune. Elles frôlèrent du ventre la Sainte-Bille, puis, voletant sur place, la touchèrent du museau. Elles montèrent enfin vers le ciel en zigzag, ivres d'un charme puissant, pour se perdre dans la nuit. Suivaient-elles l'onde de la vibration jusqu'à la lune ? Rentraient-elles sans attendre dans leur pays lointain ? Déjà une chauve-souris solitaire serrait son vol autour de la perle. Ainsi, tour à tour, et selon un ordre secret, chacune des espèces célébrait la Saint-Lune.

Chacune célébrait la Saint-Lune.

La cérémonie était si belle et sa magie si forte, que les amis regrettèrent d'être des semblants de chauves-souris. Ah, voler sans effort, danser dans l'éclat de la perle, vibrer à l'unisson du chant de la lune !...

Ils rêvaient encore, jaloux des voltiges de six petits dragons, quand une tête apparut par l'ouverture de l'escalier. Ça n'était à vrai dire

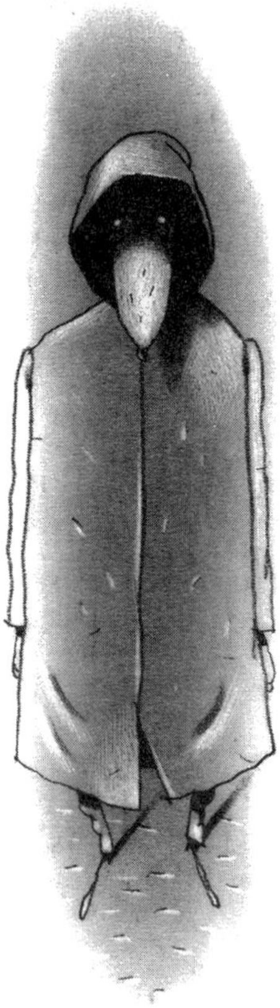

qu'une capuche : frère Chérubin avait grimpé jusqu'au balcon. Il leur fit un signe et dit à voix basse :

– La paix de la Lune sur vos fronts. C'est bientôt mon tour. Aiderez-vous un pauvre frère éclopé à toucher la Sainte-Bille ?

Les amis se dressèrent, embarrassés. Mère Alba et ses filles étaient invisibles ; peut-être ordonnaient-elles dans les branches la cérémonie... Bah, après tout, le moinillon ne risquait pas de s'envoler avec la perle ; on le tenait à l'œil. Ils lui firent une place sur le balcon. Biglard chuchota :

– Quand les dragons auront fini, sœur Gramula vous fera la courte échelle.

– Je prierai pour vous en remerciement de vos bontés, mes sœurs !

Le nez en l'air, on observa le ballet des dragons.

L'air vibra soudain. Ce n'était plus seulement le chant de la Lune ; un vrombissement sourd montait.

– Hep, c'est quoi, ça !?...

Les policiers fouillèrent la nuit d'un regard inquiet. Le ronflement croissait, couvrant peu à peu le chant magique. Une brise s'était levée.

Et la nuit se fit d'un coup plus noire : un énorme engin volant cachait la lune. Il approchait lentement du chêne, dans un grondement de tonnerre, soufflant maintenant une tempête. Les yeux agrandis d'horreur, Biglard et Gramulot le regardaient boucher le ciel. Puis, d'un même élan, ils pivotèrent. Ce bon Chérubin leur faisait face. Il avait sorti de sa robe une paire de bras comme tout le monde, ainsi qu'une très jolie mitraillette à cacahuètes.

Il la pointait sur les amis.

– Adieu, pauvres crétins ! Et que la Lune vous bénisse !

Ratatatata,
les cacahuètes
crépitèrent.

CACAHUÈTES ET CATASTROPHE 11

EN CETTE NUIT sacrée, la Lune devait effectivement protéger ses filles les chauves-souris – même les déguisées. Mère Bigla et sœur Gramula échappèrent à la mort par le miracle qui suit :

Au moment pile où l'ignoble Chérubin allait leur farcir le ventre de cacahuètes, la tête de Pignon passa par l'ouverture.

– Ah, vous êtes là. Dites, mes sœurs, je cherche partout ma ficelle...

– Saute, Gramulot !!!

Ratatatata, les cacahuètes crépitèrent. Mais les policiers avaient bondi par-dessus le balcon. À la grâce de la Lune, ils s'étaient jetés dans le vide. Ils tombèrent en écartant les bras et les jambes ; ils n'avaient pas le temps d'avoir peur. Non, ils ne volaient pas. Simplement, le caoutchouc tendu de leurs ailes les freinait. Ils planèrent en feuilles mortes, et un buisson de feuillage les cueillit.

– Gramulot, mon vieux, ça va !?

– Impeccable, chef. Mais la crapule ne m'a pas raté de beaucoup.

Tu parles : la rafale lui avait sérieusement découpé ses pavillons en carton.

La rage les prit. Ils se débarrassèrent des coiffes encombrantes.

– On remonte et on s'explique.

– On remonte et on s'explique avec ces sinistres canailles ! Tu prends l'escalier pour déloger le Chérubin ! Je passe par les branches et je canarde leur gros bidule pour faire diversion !

Il fallait crier. Immobile dans l'air, l'engin survolait le chêne. Son vacarme crevait les tympans ; son souffle couchait le branchage et défrisait plutôt les moustaches. Les amis cavalèrent jusqu'au tronc et se séparèrent. Ils montaient courageusement à l'assaut ; mais, pour prendre en sandwich tout un commando de canailles, ils faisaient de bien pauvres tartines...

Biglard commença l'escalade. Il croisa Pignon qui dégringolait le long du tronc ; ouf, il avait lui aussi esquivé la rafale de frère Chérubin. L'écureuil était tout ébouriffé de colère.

– Je n'aime pas beaucoup ces plaisanteries ! cria-t-il au passage. Je vais chercher mon mousquet ! J'ai fait la grande guerre contre les corbeaux, moi !

Il disparut dans l'arbre.

La crapule était équipée.

Biglard atteignit la plate-forme du champignon et s'y posta. Là, il put se faire une bonne idée de l'engin vrombissant. Une grosse hélice tournait à chaque bout de sa coque allongée. Ce n'était ni une banane militaire de transport, ni un de ces petits cornichons volants dont se sert la Police des Montagnes pour sauver les imprudents ; ça semblait être un gros héliconcombre d'une marque inconnue. La crapule était équipée, cette année...

Sans hésiter, Biglard sortit son pistolet et tira des petits pois en visant les hélices. La canaille réagit très vite : un projecteur s'alluma sous l'hélico, aveuglant Biglard, et les cacahuètes claquèrent tout autour du champignon. Tapi contre le tronc, le commissaire se cramponna sous la mitraille ; il ne pouvait plus bouger un petit doigt. Il avait vu dans la lumière qu'une corde pendait de l'engin. Tout était prévu ! Les bandits allaient ainsi emporter la Sainte-Bille dès que l'affreux Chérubin l'aurait dévissée. « Et là-haut, Gramulot doit être lui aussi coincé par la mitraille ! » rageait Biglard. Le plan était diabolique.

Mais que devenaient les chères sœurs et la clique des chauves-souris ? Biglard les chercha du regard à travers les feuilles. Il les vit qui voletaient désespérément au loin, repoussées par le souffle puissant des hélices. Et que pouvaient-elles faire, contre un héliconcombre blindé hérissé de mitraillettes ? Oui, la canaille avait tout prévu.

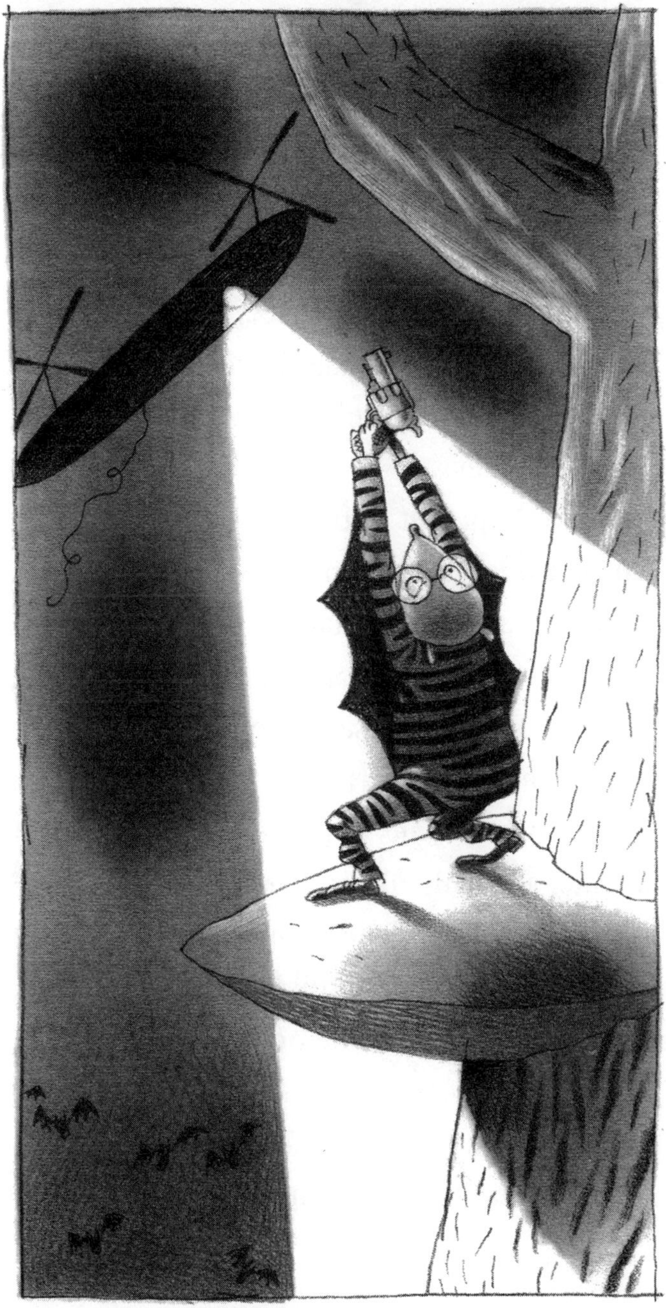

Sans hésiter, Biglard sortit son pistolet et tira des petits pois en visant les hélices.

Tout, sauf peut-être un petit détail de cinq cents kilos : la chauve-souris géante – le buffle-volant – qui n'avait pas encore pris son tour aux danses sacrées. Apprenties canailles, crapules qui lisez, retenez bien la leçon : quand on décide de voler une Sainte-Bille, il faut toujours penser aux chauves-souris géantes.

Le choc fut terrible !

Biglard aperçut là-bas, dans la bourrasque, un mouvement de la nuit ; comme les voiles d'un bateau qui claquaient. Le monstre était lancé ; il tournait en cercles autour du chêne. Le commissaire pensa d'abord que la bestiole était simplement affolée. Puis il remarqua qu'elle prenait sans cesse de la vitesse. « Aïe-aïe-aïe, se dit-il, elle prépare son élan ! » Il se ratatina sur le champignon : le monstre avait quitté son circuit. Une fusée de poils fendit la nuit, insensible à la bourrasque et aux mitrailles, pour s'écraser sur l'hélicon-combre. Brooong, le choc fut terrible ! Le buffle-volant chuta d'un bloc au pied du chêne. L'héliconcombre, lui, avait basculé dans l'air. Ses grosses hélices qui ronflaient désormais à l'envers l'entraînèrent vers le bas. Zouf, l'hélico faucha la crête des arbres voisins, puis tomba dans un grand fracas. Il y eut une explosion formidable ; un incroyable feu d'artifice, gerbes de flammes, jus de concombre et cacahuètes grillées.

L'hélico tomba.

Biglard s'était encore rapetissé derrière le tronc. Le souffle brûlant de l'explosion avait traversé le feuillage et roussi sa peau de zèbre. Ses ailes de caoutchouc fondaient ! Une pluie d'étincelles et de débris s'abattait dans les branches. Klong, scratch, kling, bouts d'hélice, pelures de concombre blindé, éclats de verre, mitraillettes tordues, roulette d'atterrissage... Enfin, une paire de lunettes d'aviateur s'accrocha par l'élastique à la pointe d'une fourche et se balança sinistrement dans la lumière des flammes de l'accident ; sale temps pour les hélico-pilotes... Quant aux passagers, ils devaient en ce

moment grésiller dans un ignoble rôle de gredins.

« C'est horrible ! » songea Biglard.

D'un autre côté, zut, les voleurs ne l'avaient pas volé ; n'oublions surtout pas les généreuses distributions de cacahuètes !

Complètement déboussolée, la nuée des chauves-souris volait en tous sens dans la fumée environnante. Biglard frémit : « Bon sang, si ce maudit Chérubin est vivant, il risque de mitrailler dans le paquet pour se venger ! » Il gesticula pour attirer l'attention et finit par intercepter mère Alba.

– Vous êtes sain et sauf, mon fils ! La Sainte-Bille nous protège !

Comme le commissaire ouvrait la bouche, une pétarade retentit dans les hauteurs ; ratata de cacahuètes contre pif-paf de petits pois : Gramulot et le Chérubin échangeaient des amabilités.

– Tous aux abris ! beugla Biglard. Je ne veux pas voir une chauve-souris dans les parages ! Planquez-vous dans la grotte du petit-duc !

– Entendu, mon fils ! La Lune te garde !

Biglard sauta du champignon sur une branche, puis cavala vers une ouverture dans le tronc. Il fonça dans l'escalier.

Pendant son cheminement dans le serpentin, il entendit deux autres pétarades ; là-haut, le moinillon enragé ratatait toujours ses chapelets de cacahuètes. Ces charmantes prières finiraient-elles par toucher le cœur de nos compères ?

– Je le taquine un peu pour lui faire gaspiller ses munitions.

CHÉRUBIN N'EST PAS D'ACCORD 12

PLOP, Biglard fusa dans la loge des sœurs comme un bouchon de champagne. Gramulot était embusqué au pied de l'escalier qui menait au balcon. Il accueillit son chef avec un grand sourire.

– Ah, vous avez bonne mine, ma mère ! Vous faites une belle chauve-roussie ! Dites, quel feu d'artifice !!! Mais qu'est-ce qu'ils ont fichu, avec leur engin ? Ils ont raté une manœuvre ?

Biglard lui raconta l'épisode en deux mots ; puis il s'inquiéta du moinillon :

– D'après les pétarades, on dirait que la crapule résiste...

– Bof, je le taquine un peu pour lui faire gaspiller ses munitions. L'oiseau est pris au nid, chef.

– Ouais, mais je n'aime pas trop sa façon de gazouiller.

Le commissaire cria vers le balcon :

– Tu es cuit, mon vieux !

– Chérubin, tu m'entends !? Tu es cuit, mon vieux ! Jette ta mitraillette dans les marches et rends-toi ! On ne te fera pas de mal, promis : nous sommes la Police !

– Jamais !!! hurla l'autre. Plutôt crever !!! Et d'abord, je vais vous trouer vos peaux de bêtes, bande de chauves-pourris !!!

Il tira une rafale dans l'escalier. Ah, le délicieux petit ange...

– Il n'est pas d'accord, traduisit Gramulot. On va le dénicher ?

– Pas question : sœur Albinette nous sonnerait drôlement les cloches si on se faisait trouer nos beaux costumes. Laissons-le mijoter dans son jus ; quand il en aura marre...

Pistolet au poing, ils s'installèrent confortablement sur les premières marches et grignotèrent les cacahuètes qui avaient roulé – ces policiers ont vraiment des nerfs d'acier.

– Je vous préviens, glapit le Chérubin là-haut, j'ai douze paquets de cacahuètes à ma ceinture !

Il avait dû entendre les craquouillis de mâchoires et commençait visiblement à se faire du souci.

Une rafale crépita aussitôt.

– Bonne nouvelle ! répondit Gramulot, la bouche pleine. Dès qu'on en manque, on te fait signe !

Somme toute, la récolte de Chérubin s'annonçait bonne : il suffisait d'attendre que le coco mûrisse.

Le jour se levait. Gramulot grimpa trois marches.

– Ce qu'il y a d'embêtant, avec les cacahuètes, c'est qu'on ne peut plus s'arrêter...

Pef, il tira un petit pois vers le balcon. Une rafale crépita aussitôt dans l'escalier.

– Ça suffira, chef, ou je commande une autre soucoupe ?

Puis il cria pour le gredin :

– Hé, frérot, la prochaine fois, tu prendras aussi une mitraillette à olives !

Une rafale furibarde lui répondit.

Biglard grapilla trois cacahuètes et les croqua : il réfléchissait tout haut :

– Je pense à ce pauvre buffle-volant ; je l'ai vu tomber comme une pierre, après le carambolage...

– Si jamais il s'en tire, chef, on lui fera donner la médaille d'or de la Police.

Dzing, les amis se levèrent d'un bond : par l'extérieur, quelqu'un venait de s'accrocher à la grille de la loge ! Chérubin, qui tentait de filer par le tronc ? Non, c'était...

– Pignon !!!

L'écureuil avait un air terrible. Un casque le coiffait – une coque de gland. Il brandissait un vieux fusil-pétoire.

– J'ai fini par le retrouver, mes sœurs, disait-il. J'ai mis une double charge de pépins de pomme ; croyez-moi, ça va péter.

– Pignon, déguerpissez de là !!! La crapule

L'écureuil avait un air terrible...

est sur le balcon, elle va vous repérer !!!

Mais Pignon n'écoutait pas. Il braillait pour rameuter une troupe imaginaire.

– À l'attaque, mes petits poilus ! Hardi, mes braves rouquins ! Dénichons ce corbeau pouilleux ! Libérons la Sainte-Ficelle ! Yaaaaaah !!

– Non, Pignon !!!

Pignon braillait.

Trop tard ; le maboul courait le long du tronc à l'assaut du balcon. N'écoutant que leur courage, les policiers se précipitèrent dans l'escalier. Ils entendirent un pétard assourdissant – les pépins de pomme –, puis comme un gros « poc ! ». À peine eurent-ils passé une oreille qu'une mitraille arrosa l'ouverture, les forçant à s'aplatir. Hélas, Chérubin était toujours sur ses gardes ! Pire : il avait maintenant un prisonnier ! Car les amis avaient eu le temps de voir Pignon étalé, le casque sérieusement amoché.

Ça changeait tout.

C'était aussi l'opinion de la canaille :

– Hi ! hi ! hi ! Louée soit la Lune, voilà un crétin qui tombe à pic ! Pas vrai, messieurs les chauves-poulets ? Alors et d'une : si vous m'attaquez, je zigouille l'écureuil. Et de deux : je veux dans une heure un hélicornichon de la Police plein de carburant qui m'emmènera où je lui dirai. Sinon, ce bon Pignon, couic ! C'est clair ?

Clair comme du jus d'endive ; avec un prisonnier à zigouiller, le gredin pouvait réclamer ce qu'il voulait.

– Voilà un crétin qui tombe à pic !

– Ah oui, précisa-t-il, prévoyez de la place, dans l'hélico : j'ai un joli petit colis à emporter ! Hé, hé, hé !

La Sainte-Bille ! Ainsi, l'affreux avait pu la dévisser du mât... Les policiers étaient catastrophés.

– Tu auras ton hélico ! cria Biglard, la mort dans l'âme. Mais un petit conseil : si tu touches à un poil de Pignon, je te poursuivrai tout autour de la terre et je finirai par t'avoir, parole de Biglard !

– Plus que cinquante-neuf minutes ! fit l'autre en ricanant.

– Chef, se lamentait Gramulot, on ne peut pas le laisser filer comme ça !

– Toutes les perles du monde valent-elles un Pignon ? Non, n'est-ce pas... Et je suis sûr que mère Alba sera d'accord. On n'a pas le choix, mon vieux. Cavale à l'auto et commande un hélico par la radio.

Les amis bouillaient dans la loge ; ils guettaient par la grille le ronflement de l'hélicornichon. Ils se rongeaient les ongles et se creusaient la cervelle pour imaginer le plan fou qui, au dernier moment, empêcherait le gredin de filer avec son butin.

« Nous prions de tout notre cœur, avait dit la Blanche-Mère à Gramulot. Vous verrez, la Lune nous aidera. » Les sœurs comptaient donc sur un bon mouvement de la Lune et, en attendant, secouraient au pied du chêne la chauve-souris géante qui était assez mal en point.

C'est alors que Pignon déboucha de l'escalier.

– Écoutez, dit-il aux policiers stupéfaits, je veux bien continuer à faire le guet, mais on ne voit pas la queue d'un corbeau.

– Je suis un misérable !

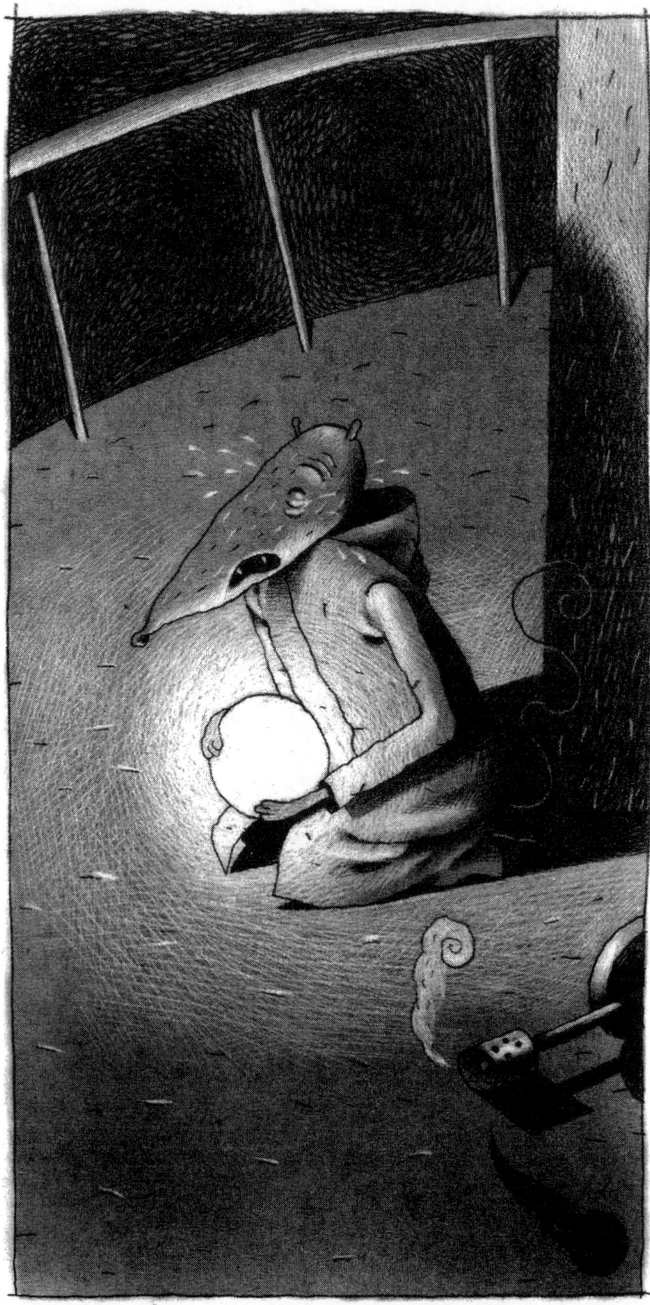

LE MIRACLE DE LA SAINTE-BILLE 13

PIGNON était libre !!! Il avait échappé à la crapule !!! Miracle !!! Était-ce par la grâce de la Saint-Lune ?

Sur la pointe des pieds, Biglard et Gramulot gravirent les marches. Qu'allaient-ils découvrir sur le balcon ? Chérubin avait-il trouvé le moyen de filer en douce ? Tendait-il un piège, poussé par la cruauté sans bornes des bandits ? S'était-il tout bêtement endormi ?

Ils risquèrent un œil par l'ouverture. Cette fois, nulle mitraille pour les accueillir. Ils virent ceci, qui les laissa pantois : Chérubin était assis ; il avait jeté sa mitraillette ; il serrait sur son ventre la Sainte-Bille et pleurnichait comme un chauve-souriceau.

– Je suis un misérable ! Snif, je suis une

canaille infecte ! Mon cœur est une patate pourrie !

Il avait ôté sa capuche et révélait sa figure. Un crâne nu luisait entre les petites oreilles, deux dents jaunes pointaient de son museau noir et poilu. Cette face repoussante, et cette queue infâme qui tortillait sous lui... pas de doute : ON AVAIT AFFAIRE À UN CHAUVE-RAT ! La pire espèce de gredins !!!

– Je suis le dernier des chauves-rats, disait-il d'ailleurs. Plus malfaisant que moi, ça n'existe pas. Approchez, frères policiers ! Par pitié, venez me donner des coups de pied !

– Mon cœur est une patate pourrie !

Connaissant les chauves-rats de réputation, les amis hésitaient : comédie ou pas ? Mais la mitraillette était loin de lui, et il avait les deux mains sur la perle. On pouvait facilement lui tirer un petit pois entre les yeux au moindre geste suspect. L'un après l'autre, pistolet tendu, ils montèrent sur le balcon.

– Oui, oui, continuait le Chérubin, venez écrabouiller la vermine que je suis ! Non, ce serait encore trop doux... Pendez-moi plutôt par la queue en haut du mât, et que tout le monde me jette des cailloux ! Choisissez les plus pointus !

Biglard et Gramulot s'approchèrent.

– Chef, il pleure des vraies larmes ! Si c'est du chiqué, il faut absolument qu'il fasse du cinéma !

– Incompréhensible, dit le commissaire. Il a l'air sincère. Attachons-lui quand même les mains.

– Mais non, voyons, protesta le bandit, piétinez-moi sans scrupules !

Les policiers lui ligotèrent les mains dans le dos avec la corde qui lui servait de ceinture. Puis, délicatement, Gramulot lui ôta la Sainte-Bille des genoux. Alors, il se passa un phénomène étrange. La perle à peine confisquée, Chérubin fronça les sourcils ; il fusilla Gramulot du regard et se mit à brailler :

– Chef, il pleure.

– Rends-moi ça, macaque !!! Hé, vous deux, vous savez ce que vous êtes ? Une bande de putois galeux ! Je vais vous mitrailler le bide ! Et après je ferai des tapis avec vos pelures de peaux !

Il crachait et trépignait de rage. Les amis le maîtrisèrent avec difficulté. Biglard eut soudain une idée de génie.

– Remets-lui la Sainte-Bille sur les genoux ! Grouille !

Gramulot flanqua la perle entre les pattes du faux moine. Aussitôt, l'enragé prit une mine de chien battu, puis éclata en sanglots.

– Pardon ! Pardon, mes frères ! Vous voyez bien que je suis une ignoble fripouille ! Ma place est en enfer, avec tous les chauves-rats et les raclures de la terre !

– Retire-lui la bille... ordonna Biglard.

– Je vous hais ! cria le Chérubin sans sa bille. Je hais la Police, et les pompiers, et les bonnes sœurs, et je hais les autres chauves-rats, mais je ne le leur montre pas !

Un torrent dégoûtant de menaces, gros mots et malédictions suivait.

Il crachait et trépignait de rage.

– Bon, rends-lui la perle, dit Biglard ; il va finir par nous empoisonner les oreilles. Tu as pigé, mon vieux Gramulot, ou je te fais un dessin ?

– Chef, c'est magique !...

C'était bien le mot. La Sainte-Bille avait un effet magique : ELLE RENDAIT BON LE PIRE DES GREDINS QUI LA TENAIT ! Pouitch, elle lui blanchissait l'âme ! Mais qu'on la lui retire et, à la seconde, il redevenait une abominable crapule.

Gramulot s'amusa un moment avec le bandit et la bille. À toi, à moi, il la lui prenait, la lui rendait, la lui ôtait très rapidement. C'était trop drôle : Chérubin n'avait pas le temps de cracher sa colère ni de tartiner sa bonté ; sa face de chauve-rat tordue de grimaces exprimait tantôt l'une, tantôt l'autre, et le début d'un rugissement se changeait en bêlement d'agneau.

– Arrête de jouer avec son âme, rigolait Biglard. À force, tu vas lui esquinter.

Gramulot cessa. Une idée l'avait frappé.

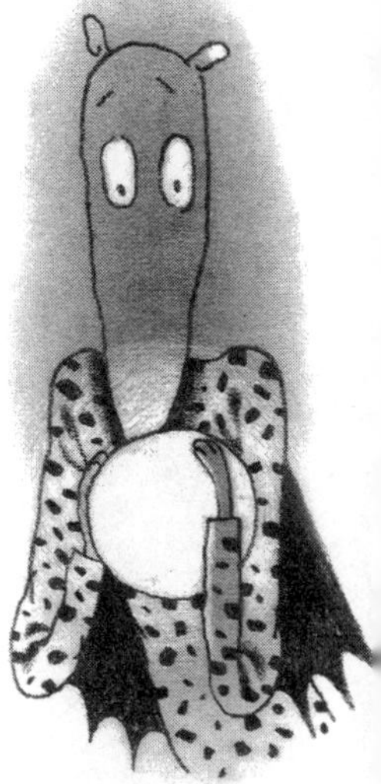

– Et si la Sainte-Bille me rendait mauvais, moi qui suis bon comme le pain ?

Il garda un temps la bille sur son cœur en roulant des yeux. Bien sûr, il ne se passa rien ; la perle ne pouvait que rendre meilleur. Si l'âme était une tendre brioche, par exemple, la magie la saupoudrait de sucre ou la truffait de pépites de chocolat. Ainsi, grâce à la Sainte-Bille, on a pu vérifier scientifiquement que l'âme de Gramulot était moelleuse et cent pour cent pur beurre – mais à vrai dire, on n'en avait jamais douté.

Un ronflement leur fit lever le nez : c'était l'hélicornichon de la Police ; il survola bientôt le chêne. Les amis firent au pilote des signes savants. Des pouces en l'air et des « ohé » joyeux : tout va bien, l'affaire est réglée !... Des nez bouchés et des doigts désignant la crapule : bêrk, lui crapule infecte à ne pas trop tripoter... Des cric-crac avec un semblant de clef : à mettre immédiatement en prison, sans lui demander son avis.

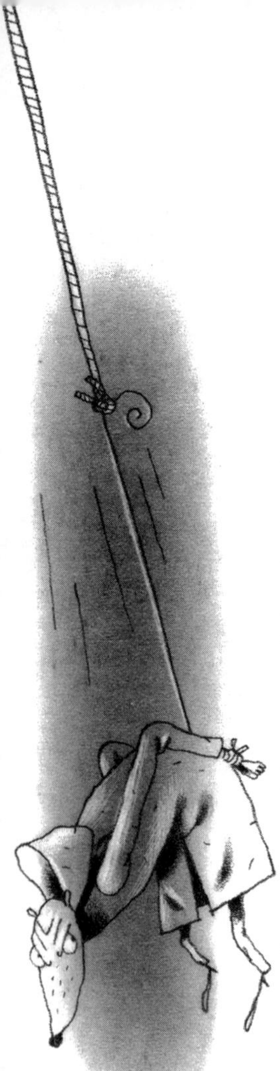

Le pilote comprit tout de suite. Greuzeu-greuzeu, il déroula un câble. Les policiers attachèrent solidement le câble au bout de la queue du chauve-rat – pas de pitié pour la canaille –, puis, se tapant les mains l'une contre l'autre, signifièrent que l'affreux colis était prêt. L'hélico monta. Direction la prison, il emporta le dégoûtant personnage qui postillonnait de rage. Une bande de petits piafs pourchassait le convoi en pépiant de rire.

Gramulot s'essuya le front.

– Eh ben, on s'en souviendra, de la nuit de la Saint-Lune !

– Une SACRÉE cérémonie, confirma Biglard.

Il frottait soigneusement les carreaux de ses binocles avec un coin de mouchoir.

– Remarque, ajouta-t-il, si je me rappelle bien, on a vingt-huit ans pour s'en remettre...

À mi-chemin dans l'escalier, comme ils dégringolaient pour annoncer la bonne nouvelle aux sœurs, Gramulot quitta le tuyau du tronc.

– J'arrive, chef !

Il cueillit sa paire d'oreilles en carton qui pendait dans les branches et revint, la mine réjouie.

– Finalement, je l'adore, ce costume. Je le garde ; je le mettrai pour les entraînements de foot.

– J'ai des marques de coups de bec qui datent de la grande guerre.

KIRIKIKI ! 14

LES AMIS rejoignirent les sœurs au chevet de la chauve-souris géante. À l'annonce du sauvetage miraculeux de la Sainte-Bille, la joie fut profonde, mais discrète : il fallait avant tout s'occuper de la blessée. Les sœurs lui avaient pansé la tête et, avec une grande douceur, tiraient une à une les cacahuètes fichées dans sa peau – car la mitraille n'avait pu traverser le cuir épais.

– Grâce à la Lune, elle est sauvée, déclara mère Alba.

Pignon allait de l'un à l'autre.

– J'ai moi-même des marques de coups de becs qui datent de la grande guerre, assurait-il. Regardez, ici. Non, là...

Il fouillait son pelage sans les trouver.

La Blanche-Mère claqua des ailes.

– Albinette, Albina, allons vite remettre la

Sainte-Bille en place sur le lustre. Nous convoquerons à la loge les quelques sœurs qui ne l'ont pas encore touchée. Frères policiers...

– Rendez-vous là-haut, ma mère, coupa Biglard. Nous rangerons nos saints-pistolets quand la cérémonie sera terminée.

Et allons-y pour une nouvelle cavalcade dans le colimaçon...

Il y eut un instant d'effroi.

– Chef, disait Gramulot, à votre avis, combien de marches on aura grimpé, dans cette histoire ?

– Chut ! Deux cent douze, deux cent treize... faisait le commissaire en soufflant.

Il avait eu la même idée !

Il y eut encore un instant d'effroi. Vers la fin de la cérémonie, comme une brochette de grandes-oreilles patientait sous la loge, deux énormes oiseaux planèrent vers le chêne et tournoyèrent au-dessus de sa cime. C'était de monstrueux hiboux. Postés sur le balcon,

Biglard et Gramulot suivaient leur vol menaçant. Gramulot ramassa la mitraillette de Chérubin.

– Bon, je connais deux gros-pleins-de-plumes qui ne vont pas tarder à goûter de la cacahuète...

Mais le petit-duc Hibert surgit, les cornillons du crâne en pétard et le monocle de travers.

– N'ayez crainte, ce sont mes cousins, les grands-ducs ! Ils sont venus à la rescousse !

– N'ayez crainte.

Brave petit-duc : au plus fort de la bagarre, il était allé chercher de l'aide au fond de la forêt. Les policiers le félicitèrent et lui signalèrent qu'il n'y avait plus de danger.

– Dans ce cas, messieurs, je vous attends dans mon trou, invita le petit-duc. Ces émotions nous ont grandement assoiffés.

Chante la Lune, cliquetez sœurettes : la dernière des grandes-oreilles s'envola ; la cérémonie était bel et bien terminée !

Alors on trinqua.

D'abord, les amis firent honneur à la tournée du petit-duc ; ils sifflèrent un verre avec Hibert et ses gigantesques cousins, qui n'étaient pas si sévères que ça.

Puis ils décidèrent de passer chez Pignon, pour lui rendre la ficelle confisquée, et pour la bonne amitié. Ils farfouillèrent un peu dans l'arbre et découvrirent au bout d'une branche son drôle de petit nid de feuilles. Ils y auraient sûrement trinqué si l'écureuil avait retrouvé dans le fouillis son flacon de jus de pommes de pin ; il fallut lui promettre de repasser, et d'apporter cette fois des calendriers.

Ils trinquèrent enfin chez les sœurs. Entre deux rasades de liqueur – contre les futurs microbes –, la Blanche-Mère s'approcha de Biglard :

– Mon fils, c'est jour de fête et la Lune ne regarde pas ; offrez-moi donc un de vos délicieux bâtons-réglisse.

Inutile de décrire en détail les éclaboussures de la joie, les promesses, les bénédictions échangées sous le parapluie des ailes, les yeux humides et les nez mouchés – les sœurs pleurèrent même sur le sort des gredins rôtis ! Toutefois, pour satisfaire les pointilleux, et en manière de conclusion, voici la traduction fidèle du fameux kirikiki, que les amis savent désormais par cœur :

« Que la Lune te blanchisse intégralement de la tête au cœur ; que son chant de cristal tinte aux pavillons de tes grandes oreilles ; que ses rayons de miel sucrent ton poil ; que son souffle pur tende la peau de tes ailes et les porte longtemps ; enfin, qu'elle place toujours de croustillants moustiques sur ta route. »

Kirikiki pour tous les chauves-lecteurs ; et une Sainte-Bille sur le ventre des crapules.

Table des matières

1. Au bureau de la Police des potagers 9

2. Les visiteuses 17

3. En route pour la mission 27

4. Notre-Chêne de la Lune 35

5. Un bon petit dîner 45

6. Chez les Du Trou du Tronc 55

7. Le peuple aux ailes de peau 67

8. Frère Chérubin est parmi nous ! 77

9. Le trésor des petites sœurs 87

10. Le chant de la Lune 95

11. Cacahuètes et catastrophe 101

12. Chérubin n'est pas d'accord 111

13. Le miracle de la Sainte-Bille 121

14. Kirikiki ! 131

Gilles Barraqué

Il est né à Paris en 1957.
Il obtient un diplôme
de l'École nationale supérieure des Arts décoratifs,
dans la section cinéma-animation.
Puis il devient musicien professionnel de jazz.
Aujourd'hui, il partage son temps
entre l'écriture et le travail de la terre
dans une exploitation du Sud-Ouest.

Du même auteur :

Aux Éditions Nathan :
Biglard et Gramulot chez les fourmis roses, 1998

Chez d'autres éditeurs :
Panne de terre,
Made in la lune,
Un temps de pingouin
publiés en 1996 dans la coll. « Les petites histoires du Grand Début »
chez Albin Michel Jeunesse
Cosmopollen (Flammarion, Castor poche, 1998)

Jean-François Martin

Policier : Dès 9 ans

12. *Trois aventures de l'ogre-doux*
Jean-Loup Craipeau

Dès 10-11 ans

5. *Un chien dans un jeu de quilles*
Thierry Lenain
8. *Gare au carnage, Amédée Petipotage !*
Jean-Loup Craipeau
9. *Le jour de tous les mensonges*
Hubert Ben Kemoun
16. *Mort subite au stade*
Jacques Lindecker
19. *La route du danger* • Roderic Jeffries
20. *Les horloges de la nuit*
Roderic Jeffries
25. *Biglard et Gramulot chez les fourmis roses* • Gilles Barraqué
29. *Contes du cimetière au soleil couchant* • Yak Rivais
31. *Biglard et Gramulot : La nuit des grandes oreilles*
Gilles Barraqué

Dès 12-13 ans

2. *Le dernier jour* • Hubert Ben Kemoun
4. *Lapoigne et l'ogre du métro*
Thierry Jonquet
10. *Train d'enfer* • Michel Amelin
21. *Le jour du meurtre*
Hubert Ben Kemoun
22. *Lapoigne à la chasse aux fantômes*
Thierry Jonquet
23. *Lapoigne à la foire du Trône*
Thierry Jonquet
24. *Lapoigne et la fiole mystérieuse*
Thierry Jonquet
27. *Le jour des saigneurs*
Hubert Ben Kemoun

Fantastique : Dès 9 ans

1. *Contes du cimetière après la pluie*
Yak Rivais
3. *Au secours, je suis invisible !*
Gudule
11. *L'école qui n'existait pas* • Gudule
26. *La boutique maléfique* • Gudule
17. *L'étrange Madame Mizu*
Thierry Lenain

Dès 10-11 ans

7. *Magie noire au collège*
Christine Aubrée
13. *Chlaganoir*
Évelyne Reberg et Guy Jimenes
15. *Destination cauchemar !*
Gudule
14. *Contes du cimetière sous l'arc-en-ciel*
Yak Rivais
18. *Le manège de l'oubli* • Gudule
28. *La poupée aux yeux vivants*
Gudule

Dès 12-13 ans

6. *La montre infernale*
François Sautereau
30. *Singes d'hommes*
Hervé Jaouen
32. *Les Démons de Mamyvone*
Jean-Marc Ligny

Découvre aussi dans Planète Lune,
Pour les 9-13 ans, les romans de la vie, de science-fiction, d'aventures, d'humour dans la collection « Pleine Lune »,
Contes et Légendes, la collection de la mémoire du monde : contes et légendes des régions, de l'histoire du monde et des civilisations, et contes et récits de l'aventure des hommes et de leurs exploits techniques et scientifiques.

Pour les 7-9 ans, les premiers vrais romans de « Demi-Lune ».
Pour les 5-7 ans, les histoires de « Première Lune ».
Pour les 3-5 ans, les histoires de « Étoile Filante ».

Conforme à la loi n° 49956 du 16 juillet 1949
sur les publications destinées à la jeunesse.
ISBN : 2-09-282023-0

Nom : GRAMULOT
Grade : Inspecteur
Taille : Grande
Yeux : Pétillants
Particularité : Costaud
CARTE SPÉCIALE
DE LA POLICE DES POTAGERS
Cette carte donne l'autorisation
de posséder un pistolet à petits pois
et de s'en servir parfois.
Gramulot

Nom : BIGLARD
Grade : Commissaire
Taille : Petite
Yeux : Myopes
Particularité : Malin
CARTE SPÉCIALE
DE LA POLICE DES POTAGERS
Cette carte donne l'autorisation
de posséder un pistolet à petits pois
et de s'en servir parfois.

N° projet 10069330 - (I) 7 OSBB 90° Août 1999
Achevé d'imprimer sur les presses de
MAME Imprimeurs à Tours (n° 99072281)
Flashage numérique CTP